AF636582

Laura Wiesböck

IN BESSERER GESELLSCHAFT

Der selbstgerechte Blick auf die Anderen

Laura Wiesböck

IN BESSERER GESELLSCHAFT

Der selbstgerechte Blick auf die Anderen

Mit Illustrationen von Pia Wiesböck

K&S

www.kremayr-scheriau.at

ISBN 978-3-218-01133-4

Copyright © 4. Auflage, 2020; Erstausgabe 2018 by Verlag Kremayr & Scheriau GmbH & Co. KG; Wien

Alle Rechte vorbehalten

Schutzumschlaggestaltung: Christine Fischer

Typografische Gestaltung und Satz: Danica Schlosser

Druck und Bindung: Christian Theiss GmbH, St. Stefan i. Lavanttal

INHALTSVERZEICHNIS

VORWORT

SELBSTGERECHTIGKEIT UND ABWERTUNG

Was haben eine junge Frau, die denkt, dass Wähler rechtspopulistischer Parteien dumm sind, und ein älterer Mann, der alle Migrant*innen für Sozialschmarotzer hält, gemeinsam? Wahrscheinlich mehr, als sie sich selbst eingestehen wollen. Denn obwohl sie sich voneinander abgrenzen, folgen sie demselben Prinzip: Sie werten eine ganze soziale Gruppe auf der Basis eines Vorurteils ab, stecken das Gegenüber in eine vorgefertigte Box und schmälern damit die Chance auf einen gemeinsamen Dialog.

Das ist an sich nichts Ungewöhnliches. Soziale Gemeinschaften bauen auf Grenzziehungen auf, also auf der Konstruktion eines Unterschieds zwischen „Wir“ und „die Anderen“. Nur selten werden die Anderen lediglich als andersartig eingestuft, viel häufiger jedoch auch als geringerwertig. Warum ist das so? Ein Erklärungsansatz ist, dass Menschen generell bestrebt sind, ein positives Selbstbild aufzubauen und zu bewahren. Laut dem Sozialpsychologen Henri Tajfel hat die soziale Identität der Menschen einen maßgeblichen Einfluss auf die Eigenwahrnehmung. Eine positive Bewertung der eigenen Gruppenzugehörigkeit ist dafür Grundvoraussetzung. Damit einher gehen Prozesse der Kategorisierung, des Vergleichs und der Distinktion, mit der Absicht, Struktur in die eigene Umgebung zu bringen. Personen werden aufgrund bestimmter Merkmale verschiedenen Gruppen zugeordnet: Migrant*innen, Feminist*innen, Rassist*innen. Mit dieser Einordnung geht einerseits eine Vereinheitlichung der Gruppenmitglieder und andererseits eine deutliche Unterscheidung zwischen den Gruppen einher. Habe ich etwa eine unüberbrückbare Differenz mit einer Person, dann wird das auf die Zugehörigkeit zu einer anderen Gruppe zurückgeführt. Die Grenzziehungen sind mit Bewertungen verknüpft und werden mit Merkmalen, die wünschens- oder verachtenswert sind, versehen. Dann kann man sich selbst im Vergleich dazu als höherwertig oder geringerwertig einordnen, wobei sich ersteres zuträglicher auf das Selbstbild auswirkt.

Das „Wir" ist allerdings keine Konstante, sondern für ein- und dieselbe Person je nach Situation variabel. Auf dem Fußballplatz ist das „Wir" das Team, zu dem man hält, und „die Anderen" der gegnerische Club mitsamt dessen Fans. Im Lieblingslokal ist das „Wir" der Freundeskreis, der jeden Mittwoch zum Bier trinken kommt, und „die Anderen" die Touristen, die ihnen an einem Abend ihren Lieblingstisch weggenommen haben. Das „Wir" kann manchmal auch zum „Anderen" werden. In der Schule ist das „Wir" die Eltern, die sich für eine gesündere Mensa einsetzen; als Wohnungssuchende im Wettbewerb um eine Altbauwohnung im grünen alternativen Stadtbezirk wird aus dem „Wir" allerdings schnell „die Anderen". Hat man sich gerade noch mit gemeinsamer Kraft im Elternverein für ein ausgewogenes Ernährungsangebot engagiert, können schon im nächsten Augenblick Konkurrenzgefühle aufkommen, weil man ja eigentlich schon viel länger ein neues Domizil sucht, ein Kind mehr hat und deshalb den Platz dringender braucht als „die Anderen".

Manchmal sind „die Anderen" auf den ersten Blick paradox. Etwa wenn Menschen, die nach langer Arbeitslosigkeit wieder einen Job haben, gegen die „Leistungsunwilligen" ohne Beschäftigung wettern, oder ehemalige Geflüchtete aus dem Jugoslawienkrieg in Österreich gegen Geflüchtete aus Syrien sind. Man würde doch eigentlich vermuten, dass es Verständnis für deren Lage gäbe, da sie selbst erlebt wurde. Doch „die Anderen" haben hier eine symbolische Funktion und sollen zeigen: Ich gehöre zu den Leistungswilligen oder zu den Integrierten und möchte nicht mit „den Anderen" in Zusammenhang gebracht werden.

Die eigene Wertigkeit und Zufriedenheit ist also relativ und hängt immer von der Vergleichsgruppe ab. Zufriedener macht es, sich in besserer Gesellschaft zu wähnen und „die Anderen" abzuwerten. Der Genuss der Selbsterhöhung bleibt allerdings nicht ohne Folgen. Mit der Abgrenzung der Mittelschicht und damit der Mehrheit der Bevölkerung nach unten hin ist ihre Rolle als Faktor für die Stabilität der demokratischen Gesellschaft und ihren Zusammenhalt in Frage gestellt.

Der Blick auf andere ist nicht nur von der eigenen sozialen Lage abhängig. Die bewusste oder unbewusste Herabsetzung von Menschengruppen ist in vielen Milieus allgegenwärtig, etwa in der Demonstration moralischer Überlegenheit, indem man einen nachhaltigen Lebensstil verfolgt, oder im Sich-besser-fühlen beim Praktizieren von höherwertig propagierten Lebensstilen, vom Champagnerfrühstück bis hin zur Prada-Tasche. In Gesellschaften, die von Leistung, Konsum und Vergleichen gelenkt werden, liegen Urteile über andere nahe. Auch Bildung schützt nicht vor unbewusster und bewusster Selbsterhöhung. Für viele Menschen mit höherem Bildungsstand ist es eine wahrliche Genugtuung, über die dummen Wähler*innen von rechtspopulistischen Parteien den Kopf zu schütteln. Man erhöht sich selbst, steigert das eigene Selbstwertgefühl und muss sich nicht weiter mit den dahinterstehenden Menschen auseinandersetzen. Es ist ein selbstgerechter Blick auf andere für den eigenen Seelenfrieden.

Besonders anfällig werden Menschen für diesen Blick, wenn sie davon überzeugt sind, dass ihnen oder den von ihnen vertretenen Werten eine bestimmte Vormachtstellung zukommen sollte. Und Hand aufs Herz: Denken wir nicht alle manchmal, dass unsere Meinung die richtige ist und die anderen Idioten es einfach nicht verstehen? Nur ist es mit solch endgültigen Zuschreibungen fast unmöglich, einen Dialog zu führen. Hat man das Gegenüber erst einmal gelabelt als „Idiot", „Besserwisser", „Sexist", „Emanze", „Hautevolee", „Sozialschmarotzer", „Rassist" oder „Gutmensch", dann wird es in einen Ordner abgelegt und die auf Verstehen ausgerichtete Dialogakte geschlossen. Das ist der Punkt, an dem es häufig zu einer Verwechslung kommt: Jemanden zu verstehen, heißt nicht, gleichzeitig für seine oder ihre Meinung oder Handlungen Verständnis zu haben oder dessen Standpunkt zuzustimmen.

Die Herabstufung muss nicht unbedingt in Form von abwertenden Aussagen zu Tage treten, sondern kann still und leise durch Nichtwahrnehmung oder -beachtung der Anliegen von bestimmten Gruppen ausgedrückt werden. Auch wenn dabei keine bewusste Abwertung bzw. Missachtung erfolgt, so kann das dennoch eine ähnliche Wirkung auf die Betroffenen haben. Ein Beispiel: Es wird zwar nicht offen gesagt, dass körperlich beeinträchtigte Menschen keinen Platz in unserer Gesellschaft haben sollen, aber durch die Missachtung ihrer Bedürfnisse wird ihnen die volle Präsenz verwehrt. Die Art und Weise, wie Städte oder Gebäude gestaltet sind, ist nichts Naturgegebenes, sie liegt in unserer Hand. Wir können entscheiden, wessen Bedürfnisse wir dabei berücksichtigen. Und offensichtlich waren die Ansprüche von Menschen mit körperlichen Handicaps bisher nicht von zentralem Wert in unserer Planung.

Auch medial zeigt sich die Systematik der Abwertung durch Nichtbeachtung sehr deutlich. Bestimmte Gruppen bekommen eine höhere Präsenz in Tageszeitungen oder eine stärkere Sichtbarkeit in Filmen als andere. Nehmen wir an, Sie wachsen in Österreich als Schwarze Frau auf und sehen fast ausschließlich weiße Männer als Moderatoren im Fernsehen oder Hauptdarsteller in Filmen. Können Sie sich vorstellen, wie es ist, Ihre eigene Ethnizität so gut wie nie medial repräsentiert zu sehen? Selbst wenn also keine gezielte „aktive" Abwertung passiert, so zeigt sich deutlich: Die unzureichende Wahrnehmung und Berücksichtigung ist in der Wirkung genauso eine Form der Herabsetzung. Denn sie drückt symbolisch aus: Ihr habt hier keinen Platz.

Dieses Buch untersucht, wie sich die Zugehörigkeitskategorie „Wir" in den gesellschaftlichen Bereichen Arbeit, Geschlecht, Einwanderung, Armut und Vermögen, Kriminalität, Konsum,

Aufmerksamkeit und Politik konstituiert und wie sich darauf aufbauend der selbstgerechte Blick auf „die Anderen" manifestiert. Dabei wird deutlich, dass die Abwertung der Eigenschaften und Fähigkeiten anderer ein Bedürfnis nach Abgrenzung, Zugehörigkeitsgefühl und nach Anerkennung widerspiegelt.

Wie gehen wir mit Menschen um, die eine andere Einstellung oder Lebensführung haben? Macht eine andere Gesinnung jemanden zum Menschen zweiter Klasse? Inwieweit können wir uns bewusst werden, dass Meinungen keine absolute Wahrheit kennen und das Produkt der jeweiligen Lebenssituationen sind, ohne andere zu entmündigen? Das Buch soll die Möglichkeit bieten, einen kritischen Blick auf die Beurteilung des Selbsts und anderer zu legen – ohne erhobenen Zeigefinger.

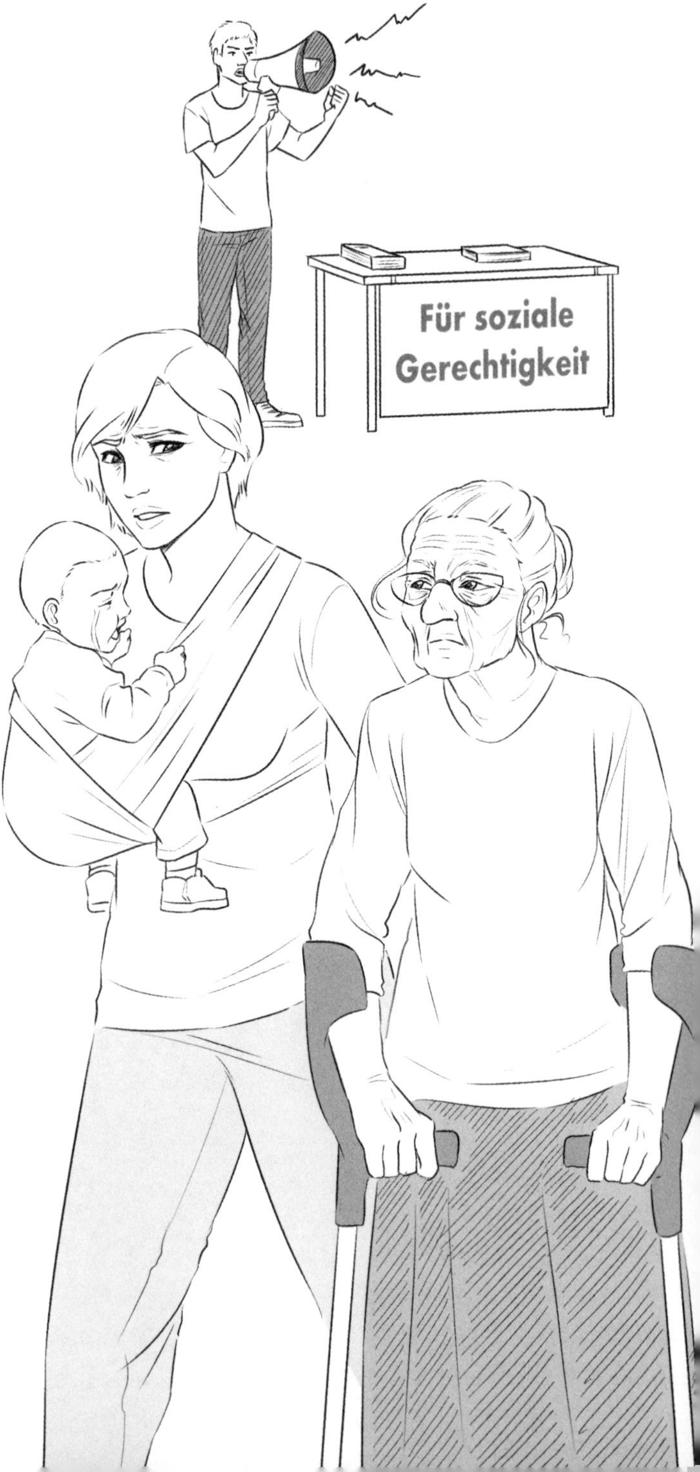
Für soziale
Gerechtigkeit

KAPITEL 1: ARBEIT

„Burnout und Revolution schließen sich aus."

Byung-Chul Han

KAPITEL 1: ARBEIT

Die Arbeitswelt unterliegt seit den 1980er-Jahren einem starken Wandel. Dieser enthält zahlreiche Elemente wie den Übergang von der Industrie- zur Dienstleistungsgesellschaft, das Ende des männlichen Ernährermodells und die wachsende Erwerbsbeteiligung von Frauen, den Projektcharakter, den Arbeit immer mehr annimmt, die Auslagerung von Arbeit in Niedriglohngebiete, die Flexibilisierung der Arbeit durch das Aufbrechen starrer Arbeitszeitstrukturen, die Individualisierung und Eigenverantwortlichkeit der Arbeitnehmer*innen, den Anstieg von Niedriglohnbeschäftigung und atypischen Beschäftigungsformen wie Teilzeit, Befristung, Leiharbeit oder freie Dienstnehmer*innen, geschwächte Gewerkschaften sowie wachsende Lohnungleichheit.

Gleichzeitig hat sich in bestimmten Milieus das Image der Arbeit gewandelt: von sozialer Absicherung und der Bestreitung des Lebensunterhalts hin zur Selbstverwirklichung und Identitätsstiftung. Der rationale Zugang, arbeiten zu gehen, einfach um Geld zu verdienen, ist in unserer gegenwärtigen Kultur nicht en vogue. Leidenschaft wird zur beruflichen Anforderung. Warum Selbstverwirklichung und Selbstausbeutung sehr nahe beieinander liegen und die Liebe zur Arbeit oft mehr Schein als Sein ist, wird im ersten Kapitel behandelt.

Ein weiteres Thema ist die Trennung von körperlicher Arbeit und geistiger Beschäftigung. Während die „Hackler" jeden Tag dieselben gedankenarmen Tätigkeiten wiederholen, sitzen die akademischen Nichtstuer unnütz auf ihrem Bürosessel herum, so der gegenseitige selbstgerechte Blick aufeinander. Woher diese Trennung kommt und warum auch Studierte gern mit den Händen arbeiten, ist Gegenstand des zweiten Kapitels.

DO WHAT YOU LOVE

In welchem Job kann ich mich am besten selbst verwirklichen? Wie kann ich meine Leidenschaft zum Beruf machen? Das sind historisch betrachtet sehr neue Fragen, die bisher bei der Berufswahl nur eine nachgeordnete Rolle gespielt haben. In unserer Zeit lautet das Mantra hingegen „Do what you love“ – du kannst alles erreichen, wenn du nur deiner Leidenschaft nachgehst, hart dafür arbeitest und fest an dich glaubst. Dieser bekannte Mythos des American Dream dient heute jungen Menschen als Motivation. Die Social-Media-Kanäle sind voll von Sprüchen von Unternehmer*innen, die ihren Erfolg darauf zurückführen, stets die eigene Passion beruflich verfolgt zu haben.

Auf den ersten Blick ist daran auch nichts auszusetzen, denn es lässt uns darüber nachdenken, was uns Freude bereitet, und gleichzeitig daraus einen wirtschaftlichen Nutzen generieren. Aber warum sollten wir unsere Leidenschaft eigentlich gegen Geld eintauschen und zu einer Pflicht machen? Liegt das Vergnügen an unseren Hobbys nicht auch darin, dass sie spielerisch und gerade eben nicht zweckgerichtet betrieben werden, und wir uns mit ihnen freiwillig in unserer Freizeit zur Erholung beschäftigen? Natürlich, ein großer Teil der Lebenszeit wird im Berufsleben verbracht, und wir würden uns wohler fühlen, wenn wir die dortigen Tätigkeiten schätzen könnten oder zumindest nicht verachten.

Allerdings ist „Do what you love“ ein verkleideter, versteckter Elitismus, denn wer kann es sich schon leisten, stets seiner Leidenschaft nachzugehen? Ein junger Mann, dessen Eltern sein Studium an der Privatuniversität sowie die Unterkunft bezahlen, wahrscheinlich schon. Eine alleinerziehende Mutter, die sich ohne Unterstützung um die Versorgung ihrer Familie kümmern muss, wahrscheinlich nicht. Die Hingabe zum Beruf wird in privilegierten Kreisen zur noblen Geste der Selbstoptimierung. Demnach ist Arbeit nicht primär etwas, das man gegen Geld tauscht, sondern ein Akt der Selbstverwirklichung. Das Selbst wird über den Beruf erst wirklich legitimiert. Ich arbeite nicht als Grafikdesignerin, ich *bin* Grafikdesignerin.

Besonders in der dominanten Mittelschicht der USA ist die eigene Identität sehr stark mit dem Beruf verknüpft. Man möchte sich nicht mit jemandem identifizieren, der für acht Stunden eincheckt, um die Miete bezahlen zu können. Was in der amerikanischen Kultur schon lange etabliert ist, hält auch in unseren Breiten immer stärker Einzug. Hier ist das Ideal der Selbstverwirklichung durch Erwerbsarbeit jedoch eine ziemlich neue Idee. Noch eine oder zwei Generationen vor uns halten den Zugang, dass ein Job „Spaß machen" und eine Passion zum Ausdruck bringen soll, für einen eitlen, egoistischen und überprivilegierten Anspruch. Und es ist nicht ganz abzustreiten, dass er das bis heute ist. Denn wer hat die Freiheit und den Luxus, die eigene Leidenschaft zum Beruf zu machen? Ein Blick auf die motivierenden Sprücheklopfer offenbart die soziale Vorselektion der „Erfolgreichen".

> *"Don't aim for success if you want it; just do what you love and believe in it, and it will come naturally."*

Diese Aussage stammt aus dem Mund des bekannten britischen Journalisten und Fernsehmoderators David Frost. Er hat sein Studium an der renommierten University of Cambridge abgeschlossen. Auch Zitate von Steve Jobs sieht man des Öfteren als inspirierende Motivation auf Facebook oder Instagram. Häufig wird ein Auszug aus seiner Rede an die Graduierten der Stanford University im Juni 2005 geteilt:

"You've got to find what you love. And that is as true for your work as it is for your lovers. Your work is going to fill a large part of your life, and the only way to be truly satisfied is to do what you believe is great work. And the only way to do great work is to love what you do."

In diesen vier Sätzen finden sich achtmal die Wörter „you" und „your". Die Autorin Miya Tokumitsu, die sich in ihrem Buch *Do What You Love: And Other Lies About Success and Happiness* mit diesem Thema auseinandergesetzt hat, ist wenig überrascht, dass dieser starke Fokus auf das Selbst von Steve Jobs kommt, der von sich ein Image als leidenschaftlicher unprätentiöser Arbeiter kultiviert hat.[1] Aber den Erfolg der Firma Apple so zu porträtieren, als wäre er ein Ergebnis von Jobs' individueller Liebe und Leidenschaft, macht die Arbeit von tausenden Menschen in den Apple-Fabriken unsichtbar, die sich auf der anderen Seite des Globus befinden. Es ist die Arbeit dieser vielen Menschen, die es Steve Jobs möglich machte, seine Arbeit lieben zu können.

Auch Oprah Winfrey ist eine Koryphäe des „Do what you love"-Mantras:

"What I know is, that if you do work that you love, and the work fulfills you, the rest will come."

Winfrey adressiert mit diesem Spruch uns alle („you"). Sie könnte auch einfach sagen, dass es bei ihr so war und funktioniert hat, aber sie legt die eigene Erfahrung als Gesetz für alle fest. Dieses Heilsversprechen kann in der Praxis sehr leicht gebrochen werden. Wenn dem so ist, dann liegt es diesem Spruch nach an einem selbst. Lässt die Karriere auf sich warten, dann war eben nicht genug Liebe dabei, und so bestätigt sich Winfrey's Law immer selbst.

Erfolgsbeispiele à la Steve Jobs oder Oprah Winfrey, die Hürden wie die soziale Herkunft oder den finanziellen Hintergrund verschleiern, sind omnipräsent. Selten hören wir von der Vielzahl an Menschen, die versuchen, ihrer Leidenschaft professionell nachzugehen, die viel Herzblut investieren und trotzdem scheitern. Uns werden also nicht nur Menschen präsentiert, die beruflich verfolgen, was sie privat lieben, sondern jene, die damit auch großen kommerziellen Erfolg haben. Die Soziologin Nicole Aschoff spricht in diesem Zusammenhang von „Propheten des Kapitalismus".[2] Sheryl Sandberg, die Co-Geschäftsführerin von Facebook, Bill Gates, der Microsoft-Gründer und Milliardär, oder eben die Talkshow-Moderatorin und Unternehmerin Oprah Winfrey: Sie alle stützen kapitalistische Prinzipien, indem sie sich als progressive Denker*innen tarnen. Oprah Winfrey predigt, dass wir unsere Träume verwirklichen sollen („The biggest adventure you can ever take is to live the life of your dreams."). Wie können wir das ihrer Ansicht nach am besten tun? Indem wir uns an den Status quo anpassen, und nicht, indem wir die Verhältnisse verändern. Forderungen stellen wir nur an uns selbst, nicht an Verantwortungsträger*innen, Interessensvertreter*innen, Arbeitsbedingungen, die Politik oder den kollektiven Apparat mächtiger Institutionen. Damit werden wir zu angepassten, entpolitisierten, selbstgefälligen neoliberalen Konsument*innen und Produktionsgehilf*innen.

Individuelle Liebe versus (Selbst-)Ausbeutung

Welche Konsequenzen kann es nun haben, wenn wir rein auf uns selbst fokussiert sind, darauf, uns individuell glücklich zu machen? Der Philosoph Byung-Chul Han zieht daraus drastische Schlüsse. Er geht davon aus, dass wir uns im Namen der Selbstverwirklichung kommerzialisiert und politisch entmündigt haben. Die Verbindung zwischen einem „gelungenen Leben" und der unmittelbaren aktuellen politischen Situation scheint lose geworden zu sein. Es gilt, sich an die sich verändernden Verhältnisse anzupassen, nicht die Verhältnisse zu verändern. Der individuelle Fokus auf die bestmögliche Entfaltung der eigenen Persönlichkeit geht auf Kosten des gemeinschaftlichen Engagements. Soziale Probleme werden zu persönlichen Fragen nach Selbstsorge und dem guten Leben. Ein plakatives Beispiel: Eine junge Frau macht ein unbezahltes Praktikum in einem Kulturbetrieb, für den perfektes Englisch und ein eigenes MacBook Voraussetzungen sind. Statt sich für gewerkschaftliche Arbeit, Initiativen zur Arbeitszeitverkürzung und die politische Mobilisierung von anderen prekären Arbeitnehmer*innen in der Branche zu interessieren, zieht sie es nach einem Zehn-Stunden-Tag vor, Yoga zu machen und einen Avocadosalat zu essen, um sich vom aufgestauten Arbeitsstress zu befreien. Oder allgemein formuliert in den Worten von Byung-Chul Han: „Burnout und Revolution schließen sich aus".[3]

Wenn Leidenschaft oder Hingabe das ist, was allein zählt, dann tritt die Bezahlung oder Pensionsvorsorge in den Hintergrund. Dann sind unbezahlte Praktika gute Möglichkeiten, um die Branche kennenzulernen und einen Einstieg zu gewinnen; Freelance-Jobs sind dann nicht Notlösungen in Ermangelung einer Vollzeitanstellung, sondern modern, flexibel und sprichwörtlich frei von jeder Bindung. Dann befreien wir uns von der Verpflichtung, uns mit anderen Menschen arbeitsrechtlich zu solidarisieren – ob diese ihre Arbeit lieben oder nicht. Ist man unzufrieden mit seiner Arbeit, liegt dies in der eigenen Verantwortung. Scheitern und Missstände gelten dann als persönliches Versagen, nicht als Systemfehler. Das Problem sozialer Ungleichheit wird damit in den Verantwortungsbereich der betroffenen Person verschoben und reale gesellschaftliche Problemlagen werden nicht mehr benannt. Diese Denkart begünstigt ausbeuterische Strategien von Arbeitgeber*innen ohne gesellschaftliche Integrität. Wer seine Arbeit liebt, von dem ist mehr Einsatz zu bekommen, ohne Mehrkosten. Wer seine Leidenschaft zum Beruf macht, legt Bedenken über Gehalt, Gesundheitsversorgung und Altersvorsorge vorerst einmal beiseite. Hingabe ist alles, was zählt. Im Vordergrund leuchten die vollständig vereinzelten „freien Mitarbeiter*innen", im Hintergrund trocknet das zäh erkämpfte und mühselig aufgebaute System von Schutz, Sicherheit und Risikovorsorge der Lohnempfänger*innen immer mehr aus. Es ist, wie wenn man Leuten, die in all ihrer Hingabe gerade die Hosen verlieren, hinterherruft: Endlich befreit ihr euch von der Enge der Gürtel und der Last der Hosenträger auf euren Schultern!

Der Schein der Liebe

Neben arbeitsrechtlichen Ausdünnungen ist es auch das realitätsferne Ideal von Liebe zum eigenen Tun, das auf viele Menschen Druck ausübt. Die Wahrheit ist: Es gibt keinen Beruf ohne Unannehmlichkeiten. Jede Art von Arbeit, die du liebst, ist nur ein Teil der Arbeit. Manche Menschen können sich glücklich schätzen, wenn sie 50 % ihrer Arbeitszeit das tun, was sie lieben, und die andere Hälfte der Zeit für Aufgaben wie Abrechnungen, Steuern, Ansuchen von Förderungen, Ausfüllen von Formularen, Verfassen von Berichten, Auswerten von Statistiken, wuchernde E-Mail-Korrespondenz, Arbeiten an Reklamationen, Kommunikation mit Klient*innen oder Ähnlichem verbringen. In den meisten Fällen liegt der Prozentsatz aber weit darunter, darin sind sich fast alle Karrieren ähnlich. In jedem Job hat man schlechte Tage, jede Arbeit enthält mühsame Tätigkeiten, die erledigt werden müssen. Das wäre ein wahrheitsgemäßer Motivationsspruch.

Zusätzlich kann die Liebe zum Alptraum werden. Privat ist dieses Szenario allgemein bekannt, aber auch beruflich ist dieses Phänomen nicht zu unterschätzen. Künstler*innen kennen das, wenn die eigene Passion zur lästigen Pflicht verkommt, vielleicht noch gepaart mit kreativen Blockaden. Wenn das Geld zum Hauptantrieb der Leidenschaft wird, kann das negativen

Druck ausüben und mitunter die Freude am Tun zersetzen. Außerdem sind Rückschläge in solchen Fällen viel stärker mit der eigenen Persönlichkeit verknüpft. Arbeitet man für Geld, hat man einen instrumentellen Bezug zum Beruf. Wird das Selbst im Job verwirklicht, dann ist Kritik oder Ablehnung unmittelbar auf die eigene Person zurückzuführen. Auch deshalb stellt sich die Frage, ob es wirklich der beste Weg ist, das eigene Hobby aus dem Reich des Spieles in das Reich der Zwecke zu überstellen, es von einer Quelle der Erholung zu einem bloßen Instrument des Geldverdienens zu machen, es von der reinen Privatheit auf die unreine Straße des Kommerzes zu schicken.

Doch Liebe allein reicht nicht. Das Mantra „Do what you love" weckt den Anschein, dass Motivation und Spaß an der Sache wichtiger seien als Talent. Aber nicht jeder kann ein erfolgreicher Jazz-Sänger oder ein bekanntes Laufstegmodel werden, selbst wenn man Frank Sinatra liebt und sich unter der Dusche gerne dem Scat-Gesang hingibt oder lustvoll vor dem Spiegel posiert und über aktuelle Trends, Designer*innen und Labels informiert ist. Es gibt gewisse Voraussetzungen, die nicht alle Menschen erfüllen können. Auch dann nicht, wenn sie hart an sich arbeiten, wie es immer wieder gefordert wird.

Und was ist eigentlich mit den Menschen, die keine bestimmte Leidenschaft haben, über die sie sich definieren und der sie ihr Leben widmen möchten? Davon gibt es gar nicht so wenige. Sollen sie nun darunter leiden, dass der instrumentelle Zugang zu Arbeit in bestimmten Milieus nicht en vogue ist? Dass sie keinen „interessanten" Job machen, nicht für ihren Beruf „brennen" und sich darin selbst verwirklichen? Ist man dann talentfrei, minderbegabt? Oder aber Personen, die sich nicht entscheiden können, welche Arbeit für sie am meisten Erfüllung bringt? Der individuelle Druck und die unendliche Auswahl an Möglichkeiten können mitunter zu Resignation führen.

Der Soziologe Alain Ehrenberg sieht die rapide Zunahme von depressiven Erkrankungen als Resultat dieses Individualisierungsprozesses.[4] Demnach leiden Menschen in unserer Zeit an den Defiziten ihrer eigenen Persönlichkeit, während sie vor hundert Jahren noch an den unterdrückenden Zuständen in der Gesellschaft erkrankten. Heute werden Individuen beruflich nicht mehr an ihrem Gehorsam gemessen, sondern an ihrer persönlichen Initiative. Jede*r hat das Recht und den Auftrag, sich sein Leben zu wählen und „man selbst" zu werden. Man wird nicht mehr durch eine vorgegebene Ordnung in Bewegung gesetzt, sondern muss sich auf innere Antriebe stützen. Darin liegt eine entscheidende Veränderung unserer Lebensweise. Aus eigenem Antrieb und mit Selbstverantwortung zu sozialem Ansehen zu gelangen, kann zu einer großen Belastung werden. Laut Ehrenberg ist die Depression deshalb nicht mehr eine Krankheit, die auf Disziplin und Schuld gründet, sondern auf Verantwortung und Eigeninitiative. Sie drückt ein Gefühl der Unzulänglichkeit aus, eine Zerrissenheit zwischen dem Möglichen und dem Unmöglichen sowie ein Verharren im Zustand des „Nichts-ist-möglich".

Vielleicht wäre es sinnvoller, seine Leidenschaft zu einem späteren Lebenszeitpunkt zum Beruf zu machen, wenn bereits eine gewisse finanzielle Sicherheit besteht. Dann könnte man zum Beispiel eine Auszeit nehmen, um einen Film zu drehen oder sich auf seinen Blog zu konzentrieren, ohne sich Sorgen um die Bezahlung der Miete machen zu müssen. Ebenso wäre die persönliche Distanz zur Tätigkeit stärker gewahrt, da die Existenz nicht mehr davon abhängt. Und als letzter Gedanke: Gibt es einem nicht eigentlich die größte Freiheit, sich etwas selbst interessant machen zu können? Sollte man nicht lieber versuchen, Jobs, die einen prinzipiell interessieren oder einem leichtfallen, in eine Leidenschaft zu verwandeln, statt umgekehrt? Beherztheit ist nicht unbedingt etwas, das von außen kommt, sondern eine persönliche Zugangsweise. „Do what you do and turn it into a passion if you can" wäre dementsprechend ein Motivationsspruch, der einiges an Druck herausnehmen würde.

DIE TRENNUNG VON HAND UND KOPF

Im antiken Griechenland war körperliche Arbeit für die herrschende Minderheit verpönt; die Politik und das hochgeschätzte Philosophieren setzten Muße voraus. Und auch heute ist die ideologische Frontlinie zwischen Hand- und Kopfarbeit immer noch weit verbreitet. Akademiker*innen werden als Schwächlinge wahrgenommen, weil sie mit ihrem „Nasenfahrrad" den ganzen Tag nutzlos im Büro herumsitzen. Arbeiter werden umgekehrt als geistlos abgewertet, weil sie sich täglich mit denselben monotonen Tätigkeiten abmühen. Das stereotype Bild vom Gegensatz der körperlichen Stärke der Ungebildeten und der intellektuellen Überlegenheit der Gebildeten ist in vielen Gesellschaftskulturen alltäglich und auch in der globalen Nord-Süd-Hierarchie tief verankert. Auf der südlichen Halbkugel sind die Menschen einfach ein bisschen körperlicher, während die nördliche Halbkugel stärker mit dem Geist arbeitet – so der selbstgerechte Blick nach unten. Diese Bewertung ist wie jedes Schwarz-Weiß-Denken eine grobe Vereinfachung und unzutreffend. Die Realität sieht oft anders aus: Nicht wenige Bürojobs sind voll von einseitigen Tätigkeiten, und so manche Maschinen können nur von hochqualifizierten Facharbeitern bedient werden. Abgesehen davon ist die Trennung eine künstliche. Ohne Kopf ist die Hand machtlos. Das Geigenspiel wird von den Händen durchgeführt, ist aber ein Ergebnis der Kooperation mit dem Kopf. Oder wie schon Karl Marx feststellte: „Wie im Natursystem Kopf und Hand zusammengehören, vereint der Arbeitsprozess Kopfarbeit und Handarbeit".[5]

Dennoch sind die oben genannten Bilder und die damit verbundenen Bewertungen immer noch gängig. Die Psychologin

Martina Panke beschreibt in ihrem Buch *Arbeiten lernen* die Deutungsmuster für „richtige Arbeit" von jungen männlichen Arbeitern.[6] Als zentraler Faktor gilt für sie die körperliche Aktivität. Die Bewältigung von physisch fordernden Belastungen ist für die Jugendlichen eine lohnende und anzustrebende Aufgabe. „Nichtstun" hingegen, also leibliche Unterforderung wie „Herumsitzen", wird von ihnen als Lähmung ihrer Kräfte erfahren, als Gefährdung der eigenen Energiepotenziale und schlicht als sinnlos und langweilig. Im Gegensatz dazu verfliegt die Zeit geradezu, und das auf sinnhafte Weise, so lange physische Kräfte betätigt werden. Panke bringt dieses Verständnis von Körperlichkeit mit einem bestimmten Männlichkeitsbild in Zusammenhang: Die Arbeit bietet den jungen Männern einen Raum, ja sogar eine Bühne für die Entfaltung von Kraft, Geschicklichkeit und körperlichem Durchhaltevermögen. Es ist ein Territorium männlicher Dominanz, in dem Männer weitgehend unter sich sein können – im Unterschied zur Welt des Büros. Einen weiteren Gegensatz zu Angestelltentätigkeiten sehen die Jugendlichen darin, dass ihre Berufe Tätigkeiten umfassen, die immer gebraucht werden. Ihre Arbeit führt zu sichtbaren und unmittelbar nützlichen Ergebnissen, zu einem Wert, der gegenständlich fassbar ist.

In dieser Zuschreibung drücken sich gleichzeitig das Selbstbewusstsein in der eigenen unmittelbaren Nützlichkeit, wie auch die Unsicherheit vor einer ungewissen Zukunft aus. Die jungen Männer verorten sich mit dieser Beschreibung innerhalb der gesellschaftlichen Hierarchie. Denn für jene, die in der modernen Berufswelt nicht mithalten können oder wollen, gibt es keine Zukunftsperspektive in Angestelltenberufen. Mit Blick auf „richtige Arbeit" relativiert sich die Ungewissheit der Zukunft, da die eigenen Handfertigkeiten unentbehrlich bleiben. Eng verbunden mit der hohen Bewertung der Handarbeit, des idealisierten Bildes von selbstständigen und autonomen Arbeitern und deren Geschick im Umgang mit praktischen Problemen, liegt die Abwertung der von ihnen als

„unproduktiv" wahrgenommenen Arbeit: das Büro. Hier liegt das Bild einer stark hierarchisierten Berufswelt vor, die Sekretärin ist dem Chef direkt untergeben und muss alles tun, was er von ihr verlangt. Am Ende des Tages bleibt keine sichtbare Leistung übrig. Die Arbeitsqualität lässt sich nur aus der Zufriedenheit des Vorgesetzten herauslesen.

Vertikale Arbeitsteilung und Macht

Dass manuelle Arbeiter auf die Abwertung der Handarbeit im industriellen Fertigungsprozess mit der eigenen Selbsterhöhung („richtige Arbeit") reagieren, ist naheliegend. Denn der sogenannte technische Fortschritt ist darauf gerichtet, die Produktherstellung so in Teilschritte zu zerlegen, dass möglichst viele davon standardisiert und automatisiert werden können. Aufwändige Prüf-, Kontroll- und Steuerungsfunktionen sollen von Softwareanwendungen übernommen werden, um Zeit, Geld und Produktionskosten für Material, Maschinen und Personal zu reduzieren. Für die Betriebsangehörigen heißt das, weniger oder billigere Leute, am besten beides. Die Verfahrensingenieure und Finanzcontroller in den Büros nehmen die Belegschaft am Fließband oder anderen Maschinen zuerst einmal als Kostenfaktor in der Produktion wahr, auf den sich die nächste, die übernächste und alle weiteren Prozess-Innovationen zu richten haben.

Der Philosoph und Mechaniker Matthew Crawford sieht in diesem immer wieder durchlaufenen Rationalisierungsprozess den Kern des modernen Industriekapitalismus, dessen Grundlage vor hundert Jahren mit dem Taylorismus gelegt worden ist. Crawford beschreibt in seinem Buch *Ich schraube, also bin ich: Vom Glück, etwas mit den eigenen Händen zu schaffen,* wie sich Frederick „Speedy" Taylor das Sammeln des gesamten Fachwissens der Professionisten vorstellte. Es wird zuerst minutiös erhoben und zusammengefügt, dann zerlegt und in Regeln und Prozesse gefasst, sodass für die resultierenden einfacheren Einzelschritte billigeres Personal eingesetzt werden kann.[7] Der Taylorismus war die bahnbrechende Idee, das theoretische Konzept und Gerüst, der Fordismus war die Realisierung, die die Welt veränderte. Der springende Punkt lag im Herauskristallisieren des fachlichen Wissens und Könnens aus der ganzheitlichen Arbeitsweise, die Aneignung und Systematisierung des Wissens durch das Unternehmen und die Zerlegung der Arbeit bis hinunter in Handgriffe. Das war der Kern der „wissenschaftlichen Betriebsführung" von Taylor. Am Anfang war die Trennung von Kopf und Hand:

> *„Den Leitern fällt es zu, all die überlieferten Kenntnisse zusammenzutragen, die früher Alleinbesitz der einzelnen Arbeiter waren, sie zu klassifizieren und in Tabellen zu bringen, aus diesen Kenntnissen Regeln, Gesetze und Formeln zu bilden, zur Hilfe und zum Besten des Arbeiters bei seiner täglichen Arbeit."*[8]

> *„Alle Kopfarbeit unter dem alten System wurde von dem Arbeiter mit geleistet und war Resultat seiner persönlichen Erfahrung. Unter dem neuen System muss sie notwendigerweise von der Leitung getan werden in Übereinstimmung mit wissenschaftlich entwickelten Gesetzen. (...) Es ist also ohne weiteres ersichtlich, dass in den meisten Fällen ein besonderer Mann zur Kopfarbeit und ein ganz anderer zur Handarbeit nötig ist."*

Die Aufspaltung von Hand- und Kopfarbeit bewirkte, dass viele frühere Handwerker zu Handarbeitern herabgestuft wurden, während sich ein kleiner Teil zu Kontrolleuren und Ingenieuren aufschwingen konnte. Die vertikale Arbeitsteilung und hierarchisierte Bewertung von Körper und Geist ist damit herrschaftssichernd, denn Arbeitswissen ist Macht. Die geistigen Tätigkeiten leiten, kontrollieren und geben vor. Die Arbeiter haben im Produktionskreislauf zu funktionieren und sind leicht austauschbar. Da davon ausgegangen wird, dass die Führung einer längeren und aufwändigeren Ausbildung bedarf als die Ausführung, wird die erstere höher und die zweitere geringer bezahlt.

Technologie und Handel bringen mit sich, dass reiche Länder weniger Bedarf an Arbeitnehmern haben, die hauptsächlich ihre Muskeln anbieten. Das wird den Arbeitern nicht entgangen sein. Ein Bagger kann eine Vielzahl an Männern mit Spaten ersetzen, ein chinesischer Fabrikarbeiter ist billiger als ein Niederländer. Das wahre Geld steckt in der Gehirnarbeit, und sieht man sich die Bildungsabschlüsse an, haben Frauen Männer statistisch gesehen überholt. In *The End of Men*, einem Buch mit einem etwas überzogenen Titel, stellt die Autorin Hanna Rosin fest, dass von den 30 Berufen, die in Amerika in den kommenden Jahren am schnellsten wachsen werden, 20 von Frauen dominiert werden, darunter Pflege, Buchhaltung, Kinderbetreuung und Essenszubereitung. Rosin beschreibt, dass die Liste der Arbeitsplätze, die der Arbeiterklasse vorausgesagt wird, stark von pflegenden Berufen geprägt sei, in denen ironischerweise Frauen von alten Stereotypen profitieren. Und diese alten Stereotype sind tief in den Köpfen der Männer verwurzelt, insofern, dass sie es nicht in ihrem Aufgabenbereich sehen, sich dem Betreuen von Kindern oder der Pflege anzunehmen. Dadurch findet eine Marginalisierung statt. Insgesamt sieht die Situation für männliche Arbeiter also nicht besonders rosig aus: Gebildete sehen auf sie hinunter, Frauen überholen sie im Bereich Bildung, Jobs in ihren Branchen werden abgebaut oder ausgelagert.

Neue Berufsidentität: vom Handwerker zum Designer

Während die Handarbeit heute an Bedeutung verliert, erlebt das Handwerk ein erstaunliches Revival. Neben sitzenden Arbeiten vor dem Bildschirm ist mit Händen und Körper zu arbeiten auch für die junge Generation zunehmend attraktiv und wird gesellschaftlich wieder geschätzt. Durch die Digitalisierung und Technologisierung lösen sich die Grenzen zwischen Entwurf und Ausführung – und damit kreativer und handwerklicher Arbeit – zunehmend auf. Damit einhergehend ist in den letzten Jahrzehnten ein neuer Wirtschaftszweig entstanden: die Kreativwirtschaft. Mit ihrem Aufkommen kristallisierten sich neue Berufsbilder heraus, die, mehr oder weniger vom traditionellen Handwerk entfernt, auch Akademiker*innen ansprechen. Es ist nicht unbedingt eine neue Art der Gestaltung, aber eine neue Art von Identität. An die Stelle der früheren „Handwerkspersönlichkeiten", etwa des fleißigen Tischlers, treten neue Bilder, etwa jene der unangepassten Designerin.[9] Dadurch zieht die Creative Economy andere soziale Gruppen an, als dies früher der Fall war, wie Frauen oder Personen aus hochgebildeten Milieus.

Das Bild der Kreativschaffenden ist dabei stark romantisiert: Sie arbeiten nachhaltig, legen Wert auf Qualität, ihre Erzeugnisse sind ein ästhetisches Ereignis und stehen für Individualität, Qualität, Sorgfalt und Langlebigkeit. Das geht soweit, dass Produkte nach ihrer Fertigstellung „vermenschlicht" werden und entsprechende Merkmale verliehen bekommen, wie z.B. „ehrliches Shirt". Das Shirt wird damit zum Distinktionsmerkmal, zu einer politischen Angelegenheit des qualitativen Konsums, hinter dem eine Person steht, weg von Massenware hin zur Sensibilisierung auf die persönliche Biografie des Produktes: Woher kommt das Material, wo und wie wurde es von wem verarbeitet? Damit entsteht das Gefühl, dem schnelllebigen digitalisierten Alltag etwas entgegenzusetzen, indem man aktiv, „bewusst" und individuell konsumiert und handwerkliche Traditionen am Leben erhält. Von dem Boom profitieren allerdings überwiegend junge, urbane Labels, die sich als „innovative Manufakturen" zu vermarkten wissen und Rucksäcke aus recycelten Plastikflaschen herstellen oder Matratzen mit Kokosfaser füllen.

Demgegenüber steht die Realität der am Land agierenden Handwerker*innen, die in Konkurrenz mit der Massenproduktion stehen, deren Unternehmenszukunft nur noch selten in der eigenen Familie liegt und für die es immer schwieriger wird, fähige Auszubildende zu finden. Mitten in der Nacht aufzustehen, um Brot zu backen, ist für die junge, ländliche Bevölkerung nicht immer attraktiv. In der Stadt hingegen weiß eine neue Generation von Bäcker*innen, sich zielgruppengerecht für „bewusste" Konsument*innen zu inszenieren: Slow-Food Bäckereien spezialisieren sich auf Natursauerteig und Kreationen wie Roggen-Honig-Lavendel-Krustenbrot, der eigens gebaute Holzbackofen mitten im Shop wird zur Attraktion. Das Geschäft mit dem Brot ist heute modisches Lifestyle-Thema, die Teigführung eine eigene Philosophie. Und auch zu Hause wird mehr selbst gebacken. Das geht soweit, dass Schwed*innen, wenn sie auf Reisen gehen, ihren Sauerteig in ein 24-Stunden-Hotel einchecken können. Während des Aufenthalts wird der Teig regelmäßig mit Wasser und Biomehl nach Wahl massiert und darauf geachtet, dass er bei der richtigen Temperatur gelagert wird. Die Unterbringung kostet rund 11 Euro pro Woche. Damit sind wir schon beim nächsten Thema: Selbermachen.

„Do it yourself": Wohl und Wehe des Selbermachens

Handwerkliches Design ist immer auch eine Kostenfrage. Junge Studierende oder Menschen aus wenig privilegiertem Umfeld können sich wahrscheinlich keine Kommode maßanfertigen lassen. Ihre Lösung für Einzigartigkeit und gegen Masse heißt: „Do it yourself (DIY)", „Maker-Movement" oder „Arts and Crafts". Damit tragen sie dem wachsenden Bedürfnis Rechnung, dem digitalisierten Alltag etwas Haptisches entgegenzusetzen, wieder Materien zu ertasten, Farbe zu riechen, das Holz zu spüren, ein Gegenstück zur virtuellen Welt aufzubauen, vielleicht auch mit dem Geschaffenen sich selbst und Freund*innen Talent zu beweisen. Der gesellschaftliche Bedarf an einer aufrichtigeren Verbindung mit der materiellen Welt wächst.[10]

Wer die Dinge selbst in die Hand nimmt, kann Geld sparen und darf sich wieder individuell fühlen.

Reine Kostenreduktion steht allerdings nicht immer im Vordergrund, erfordert doch so mancher Wollknäuel eine höhere Investition als ein Schal beim schwedischen Kleidungsunternehmen, oder so manche Leiter, die mit Brettern zu einem Regal umfunktioniert werden soll, mehr Geld als ein Büchergestell bei der schwedischen Möbelkette (wobei dieser Konzern genau genommen auch unter DIY fallen könnte). Eher geht es darum, selbst zu produzieren, statt standardisierte Produkte zu konsumieren. Auch Wertschätzung kann eine Rolle spielen: Wer stundenlang an seinem Couchtisch gebastelt, Leidenschaft und Kreativität investiert hat, würdigt das Endprodukt mehr. Ein weiterer erwünschter Effekt ist es, den direkten Einfluss der eigenen Arbeit zu spüren, ein Ergebnis seines Einsatzes zu sehen. Das ist im Beruf nicht immer möglich. Zudem ist Nachhaltigkeit ein zentraler Faktor. Wer aus Obstkisten eine Bank baut – oder „upcycelt", wie es neuerdings heißt – hat das Gefühl, ein Zeichen gegen die Wegwerfgesellschaft zu setzen und scheinbarem Müll neuen Wert zu verleihen.

Um ein erfolgreicher „Maker" zu sein, kann man sich Tipps bei zahlreichen Youtube-Channels und Blogs holen. Das Selbstgemachte folgt dort oft genauen Vorgaben: Improvisation nach Anleitung. In manchen Arts-and-Crafts-Bereichen gibt es sogar vorab „Toolkits" fertig zu kaufen. Das zeigt, dass der handwerkliche Geist und der Umgang mit der Materie als Ritual und Selbstzweck dienen, dass die Motivation wichtiger ist als das Talent. Für den Historiker Jackson Lears spielt besonders auch der therapeutische Aspekt eine Rolle für den Arts-and-Crafts-Boom. In Do-it-yourself-Projekten und Kellerwerkstätten suchen Männer und Frauen die Ganzheit, die Autonomie und die Freude, die sie im Beruf oder in häuslicher Plagerei nicht finden können.[11] Es ist ein Akt der kulturellen Selbstversorgung.

Zusätzlich spiegelt sich hier das dominierende „kreative Ethos" wider, das Einzug in jegliche Lebensbereiche gehalten hat. Der Soziologe Andreas Reckwitz beschreibt in seinem Buch *Die Erfindung der Kreativität,* dass die einst elitäre Orientierung am Kreativen heute allgemein erstrebenswert wie auch verbindlich geworden ist.[12] Praktiken der ehemaligen künstlerischen Gegen- und Subkulturen sind in die dominante Gegenwartskultur eingedrungen. In der Berufswelt ist Kreativität mittlerweile eine allgegenwärtige Anforderung. Innovation und das ästhetisch Neue wird mit Lebendigkeit und Experimentierfreude in Verbindung gebracht. Dabei ist die Orientierung an der Kreativität auch mit einem Streben nach Originalität, nach einer Unverwechselbarkeit der eigenen Person verbunden. Die vermeintliche Einzigartigkeit von Menschen soll in ihren Werken ausgedrückt werden. Ob die Selbstverwirklichung tatsächlich mit selbstgebauten Palettenmöbeln und Kleiderständern aus Ästen erreicht werden kann, muss jede*r für sich selbst entscheiden. Alles in allem zeigt sich, dass sich hinter der Trennung von Hand und Kopf und den damit verbundenen Abgrenzungen insgeheim Klassenkämpfe verstecken. Es wird aber auch deutlich, dass in diesen neuartigen Ansätzen eine Sehnsucht nach einer alten Ganzheit spürbar ist, nach einer früheren oder früher vermuteten Einheit von Kopf und Hand.

KAPITEL 2: GESCHLECHT

„Working dad? Schuldgefühle sind dein schlimmster Feind. Um sie zu bekämpfen bleib schlank, trage immer ein Lächeln auf den Lippen und koche der Familie wunderbare Abendessen."

Man who has it all

KAPITEL 2: GESCHLECHT

Geschlecht ist immer noch eine zentrale Kategorie, die für soziale Ungleichheit und Ungerechtigkeit steht. Während die Benachteiligung von Frauen im Bildungssystem inzwischen verschwunden ist, lebt sie auf dem Arbeitsmarkt, in der Politik und insbesondere in der Familie fort. Obwohl Frauen zunehmend in bezahlte Arbeitsprozesse einbezogen werden, haben sich in der Arbeitswelt markante Ungleichheiten zu ihrem Nachteil erhalten. Zum einen existieren geschlechtsspezifisch geteilte Arbeitsmärkte, die für Frauen tendenziell schlechtere Arbeitsbedingungen, niedrigere Einkommen, ein niedrigeres Sozialprestige sowie höhere Armuts- und zum Teil auch Arbeitsplatzrisiken mit sich bringen. Zum anderen stoßen Frauen auf erhebliche Hindernisse beim Aufstieg in die höheren Etagen der Berufshierarchien. Zusätzlich existieren zwischen Frauen und Männern weiterhin Unterschiede in den gesellschaftlichen Lebensbedingungen und Rollenanforderungen. Geschlechtsspezifische Sozialisationsprozesse à la „Mädchen müssen brav sein, Buben dürfen schlimm sein" können sich auf die Persönlichkeit, auf Einstellungen, Motivationen und Verhaltensweisen niederschlagen.

Interessant ist nun aber, dass bestimmte Verhaltensweisen von Frauen stark hinterfragt werden, dieselben bei Männern allerdings keinen Raum für Kritik schaffen, z.B. wenn es um die sexuelle Selbstbestimmung oder das gewählte Modell der Vereinbarung von Familie und Beruf geht. Mit dem selbstgerechten Blick auf weibliche Lebensmodelle, der wohlgemerkt von Frauen wie auch von Männern ausgeübt wird, beschäftigt sich das erste Kapitel.

Im darauffolgenden Teil geht es um die traditionell männlichen Rollenerwartungen, die mit einer hohen gesellschaftlichen Bewertung verbunden sind: Kraft, Risikobereitschaft, Durchsetzungsvermögen, Gefühlskontrolle. Die Möglichkeiten dafür, dieses Image zu verwirklichen, sind in Zeiten von Gleichberechtigung und weiblicher Emanzipation am Schwinden – und das kann zu Frustration führen. Wie mit dieser Frustration umgegangen wird, und warum das mangelnde Ausleben und die geringe Akzeptanz von emotionaler Verwundbarkeit bei Männern schädlich für das gesellschaftliche Zusammenleben ist, wird im zweiten Kapitel thematisiert.

DIE ABWERTUNG VON GLEICHEM

Beim Aufbrechen von Geschlechterrollen hat sich in den vergangenen Jahrzehnten einiges getan. Auch was als Geschlecht zählt, hat sich geändert. Vom binären biologischen Verständnis hin zu einer Vielzahl von Geschlechtsidentitäten wie trans, inter, nicht-binär. Dennoch werden Frauen in ihren Anstrengungen in vielen Bereichen weiterhin anders bewertet als Männer. Die Wahrnehmungen und Erwartungen an die Kompetenz und Leistungsstärke von Frauen sind immer noch stark durch Geschlechterstereotype beeinflusst.[13]

Das betrifft etwa den Bereich Arbeit und Familie. Wenn Frauen Kinder haben, wirkt sich das für sie nachteilig auf dem Arbeitsmarkt aus, denn dann sind sie nicht zur Gänze verfügbar. Wenn sie noch keine Kinder haben und jung sind, ist das ebenfalls ungünstig, denn wer weiß, wie lange es bis zur ersten Karenz dauert. Bei Männern werden Ehe und Familie bei Bewerbungen als soziale Stabilitätsfaktoren bewertet: Kein Jobhopper, da lohnt es sich, Skill-Investitionen auf mittlere Sicht zu planen. Es kann sogar von Vorteil sein, die Rolle des Alleinernährers innezuhaben, um beruflich vorwärts zu kommen. Auch wenn es um soziale Wertschätzung geht, gibt es immer noch für gleiche Verhaltensweisen unterschiedliche Muster. Zugespitzt ausgedrückt: Eine erwerbstätige Frau kann keine gute Mutter und eine Mutter keine gute Beschäftigte sein. Für Männer gestalten sich die Grundsätze gesellschaftlicher Anerkennung immer noch deutlich anders.

So ist der Begriff „Rabenmutter“ als herabwürdigende Bezeichnung für Frauen, die angeblich ungenügend für ihre Kinder sorgen, allgemein bekannt, die Ausdrücke „Rabenvater“ oder

„Rabeneltern" werden hingegen kaum verwendet.[14] Denn gemäß den vorherrschenden Geschlechterrollen wird von Frauen stärker erwartet, sich um den Nachwuchs zu kümmern. Alleinerziehende Teenager-Mütter zum Beispiel werden überwiegend als verantwortungslos dargestellt. Aber was ist eigentlich mit den jungen Vätern, die sich der Erziehung des Nachwuchses verweigern? Sie werden kaum an den Pranger gestellt. Natürlich, wenn sie sich vor der Verantwortung drücken, sind sie weniger sichtbar, man hat kein Bild des Übeltäters vor Augen. Aber ist es nicht widersinnig, sie deshalb moralisch weniger stark zu verurteilen als jene jungen Frauen, die alleine das gemeinsame Kind umsorgen und dadurch wahrscheinlich starke persönliche und berufliche Nachteile zu erwarten haben? Ein anderes Beispiel ist die Krisensituation einer Pandemie, in der mit der Alltagsroutine auch ein wenig der Lack von Moderne und Fortschritt abbröckelt; wenn Schulen und Kindergärten geschlossen werden, müssen überwiegend die Mütter herhalten; sie agieren beim home schooling als Amateurlehrerinnen - weit überwiegend und unabhängig von ihrer eigenen Berufstätigkeit. Zu einer besonderen Belastung wird dann die Kombination der Berufsarbeit im Home Office mit der Erziehungsarbeit und Unterrichtstätigkeit von Kindern unter Bewegungsmangel. Das ist es nicht, was mit Vereinbarkeit von Familie und Beruf gemeint ist.

Oder nehmen wir die Bezeichnung „Karrierefrau", die ebenso an negative Stereotype gekoppelt ist: ehrgeizig bis verbissen, unweiblich, beruflich zwar erfolgreich, aber privat einsam. Während Frauen durch professionelle Ambitionen und beruflichen Erfolg stellenweise immer noch weniger attraktiv auf dem Partnermarkt werden, gestaltet sich das für Männer genau gegenteilig. Karrierefrauen gelten – im Vergleich zu Karrieremännern, wobei dieser Begriff genau genommen nicht verwendet wird – als zu egoistisch für eine Familie, sie streben zu sehr nach Unabhängigkeit und Gleichberechtigung, der Lebensfokus ist zu stark auf den Beruf gelegt. Ambitioniert sein heißt bei ihnen Karrieregeilheit. Schaffen sie es dennoch, Familie und Karriere erfolgreich unter einen Hut zu bekommen, dann gibt es für diese nahezu unmögliche Leistung die Aussicht auf eine Auszeichnung, wie z.B. den Leading Ladies Award für Power-Frauen in der Kategorie „Kind & Karriere". Auf der dazugehörigen Homepage liest man bei den Beschreibungen der bisherigen Nominierten zum Beispiel als einzigen Satz: „Dr. Astrid Chiari ist Leiterin der Allgemeinen Anästhesie und Intensivmedizin am AKH und Mutter von zwei Buben."[15] Diese berufliche und private Situation zusammen zu meistern, scheint für Frauen ein derartiges Verdienst zu sein, dass sie dafür offiziell honoriert werden sollten. Stellt man sich einen solchen Preis für Männer vor, erkennt man die drastische Ungleichheit, mitunter auch die Lächerlichkeit des Themas. Es wird deutlich, dass Frauen, die beides wollen – Karriere und Kinder – immer noch weitaus mehr Kompromisse eingehen und Verluste hinnehmen müssen.

Diese Art von Perspektivenwechsel, also alltägliche Situationen von Frauen auf Männer zu übertragen, kann generell sehr hilfreich zur Veranschaulichung sein. Manchmal ist es augenöffnend, den Spieß einfach einmal umzudrehen, anstatt eine fachliche Argumentation mit Statistiken anzufangen. Dafür empfiehlt sich zum Beispiel der französische Film *Kein Mann für leichte Stunden*. Er handelt von einem erfolgreichen Start-up-Unternehmer, dessen Lebensmittelpunkt junge, attraktive Frauen sind. Der Protagonist zeigt wenig Interesse an Selbstreflektion, mimt den Starken und hat gelernt, keine Gefühle zuzulassen. Durch einen Unfall gerät er in eine Parallelwelt, in der die Rollenverteilung umgekehrt ist. Frauen sind plötzlich das dominierende Geschlecht, das Erfolg im Job hat und über Macht verfügt.

So banal die Geschichte auch sein mag, so eindrücklich werden dabei rollenspezifische Verhaltensweisen und Anforderungen deutlich. Ohne wertenden Unterton wird der Realität ein Spiegel vorgehalten. Aus diesem Grund ist der Film gerade für Personen, die die Dimension dieses Problems nicht erkennen, gut geeignet. Etwa in der Szene, in der der Protagonist auf Jobsuche ist. Die erfolgreiche Frau, mit der er eine Liebschaft hat, bietet ihm eine Anstellung an. Er lehnt ab, da er nicht von ihr abhängig sein möchte. Daraufhin wird sie hellhörig und fragt, was es mit diesem antiquierten maskulinistischen Gerede auf sich hat. „Das ist nicht maskulinistisch. Ich will auf Augenhöhe mit dir sein.", erwidert der Mann. „Das ist doch lächerlich", entgegnet die Frau. Die Ironie dieser Umkehrung wird auch bei den Büchern von „Man who has it all" deutlich, einer Parodie auf Selbsthilferatgeber für Frauen: „Working dad? Guilt is your worst enemy. Tackle guilt by staying slim, smiling to make other people happy & cooking fabulous family suppers."[16] Die Wirkungsmacht von Geschlechterrollenbildern ist eben doch nicht zu unterschätzen.

Wie viel Raum steht wem zu?

Die Autorin und Feministin Susan Brownmiller beschreibt 1984 in ihrem Buch *Femininity*, dass sie in ihrer Pubertät während ihrer Wachstumsphasen die Sorge hatte, „zu groß" zu werden. „Zu groß", darunter verstand sie größer als ihre männlichen Schulkollegen. Denn gemäß der vorherrschenden gesellschaftlichen Vorstellung ist eine große Körpergröße männlich, während bei Frauen ein zarter Körper attraktiver ist. Nimmt eine Frau vertikal mehr Platz ein als ihr Mann, dann hat sie ein unausgesprochenes Gebot gebrochen und erinnert ihn mit ihrer Statur daran, dass er zu klein ist, deplatziert, ungenügend. „Zu große" Frauen stellen das männliche Image des Angreifers und Beschützers in Frage. Als Frau einem Mann körperlich zu zeigen, dass man ihn nicht braucht, ist eine sehr unfeminine Haltung. Und unfeminin zu sein, bedeutet weniger Bestätigung von Männern zu bekommen. Da aber viele Frauen auf dieses Bedürfnis konditioniert sind, gilt es dies zu vermeiden. Deshalb wollte Susan Brownmiller als Teenager nicht „zu groß" werden.

Die Relevanz der Körpergröße bei der Partnersuche ist bis heute nicht zu unterschätzen. Auf der mobilen Dating-App Tinder geben eine Vielzahl an Männern ihre Körpergröße ungefragt an

– sofern diese im oberen Bereich liegt. Findet man keine Angaben darüber, dann halten potenziell interessierte Frauen nach Gruppenfotos Ausschau, auf denen sie die Maße des sich Anbietenden eruieren können. Auch in körperbetonten Reality Shows zeigen sich interessante Praktiken im Umgang mit Männerfiguren, die als klein gelten: Sie reichen von besonders hohen Gelfrisuren bis hin zu dem Tragen von Sneakers mit betont dicker Sohle.
Die Sorge, dass die neue Partnerin „zu groß" sein könnte, offenbarte sich deutlich in der australischen Version der TV-Show *Hochzeit auf den ersten Blick.* Als der Kandidat Dean seine ihm Angetraute zum ersten Mal am Gang zum Traualter erblickt, gab er beruhigt von sich: „Massive relief. She's got a good body and she's like tall, but not too tall".

Nicht nur die unbeeinflussbare Tatsache, wie viel Platz der Körper vertikal einnimmt, sondern auch, wie man ihn im öffentlichen Raum verwendet, wird je nach Geschlecht unterschiedlich bewertet. Die Angewohnheit, in Bussen oder Ubahnen mit gespreizter Beinhaltung zu sitzen und den Platz des Sitznachbarn einzuschränken, ist besonders bei Männern weit verbreitet. Dieses Phänomen, genannt Manspreading, ist nicht nur als Zeichen der Bequemlichkeit oder als biologische Bedingung des männlichen Körperbaus zu interpretieren, sondern steht unter der Schirmherrschaft der Frage: Wie viel Raum steht mir zu? Das Maximum an Platzgebrauch ist nichts genetisch oder hormonell Bedingtes, sondern ein anerzogenes Verhalten. Wenn eine Gruppe sich breiter macht, ist für eine andere Gruppe weniger Platz. Frauen neigen dazu, weniger Raum einzunehmen, sich körperlich kleiner zu machen, die Beine zu verschränken.

Studien im Schulkontext zeigen, dass Buben selbst dann mehr Raum einnehmen, wenn sie in der Minderheit sind. Sie brauchen mehr Platz auf ihren Stühlen und Tischen, haben die Beine oft als Fußfallen ausgestreckt, sie laufen häufiger im Klassenzimmer herum und beanspruchen auch mehr Raum außerhalb der Klassenzimmer, in den Gängen, auf Schulhöfen und Sportanlagen. Problematisiert man dieses Thema, so kommt

häufig der Vorschlag, Mädchen sollten sich doch genauso aktiv und fordernd verhalten. Aber warum wird gerade das männliche Verhalten zur Nachahmung empfohlen und als bestmöglich gesehen? Und ist es nicht scheinheilig, Mädchen zu sagen, sie sollen selbstständig und gleichberechtigt auftreten, wenn ihnen die übrige Umwelt vermittelt, dass – plakativ ausgedrückt – Buben schlimm sein dürfen und Mädchen brav sein sollen?[17]
Die Frage, wer den Raum vereinnahmt, vereinnahmen darf oder vereinnahmen soll, ist auch im Bezug auf sexuelle Gewaltdelikte sehr interessant. An amerikanischen College Campuses wird bei Übergriffen meist die Forderung gestellt, Frauen sollten aus Vorsicht am Abend nicht in die Öffentlichkeit gehen. Dabei stellt sich die Frage: Warum sollten nicht lieber Männer prophylaktisch zu Hause bleiben? Es wäre eine gleichermaßen logische Verordnung. Dennoch wird bei einer steigenden Anzahl von sexuellen Gewalthandlungen Frauen geraten, in der Nacht nicht allein unterwegs zu sein („Ausgangssperre"). Das zeigt deutlich den Fokus der Debatte: Die potenziellen Opfer müssen Platz machen, wenn eine Gefährdung existiert – nicht die potenziellen Täter. Das ist nicht nur wenig naheliegend, sondern zieht auch kaum pädagogische Effekte nach sich. Man könnte in der umgekehrten Variante eine viel stärkere Sanktion vermuten, die auch innerhalb der Gruppe der Männer zu mehr Sensibilisierung und Intoleranz gegenüber Gewalttaten führt, da dadurch der eigene Handlungsraum eingeschränkt wird.

Sprache und Sprachverhalten

Die unterschiedliche Bewertung von gleichen Verhaltensweisen zeigt sich auch beim Sprachverhalten von Männern und Frauen. Laut werden gilt bei den einen als durchsetzungsfähig und bestimmt, bei den anderen aber als hysterisch und außer Kontrolle. Allgemein sprechen Frauen mit weniger Sicherheit, Selbstbehauptung und Autorität. Das zeigt sich unter anderem in abgeschwächten Feststellungen („Ich bin mir nicht sicher, aber...", „Ich würde meinen..."), in der Formulierung von Behauptungen in Frageform („Könnte man es nicht auch so sehen, dass...", „Findest du nicht auch, dass...") oder in der Vorankündigung von Aussagen, um die Aufmerksamkeit des Beitrags im Vorhinein zu sichern („Dazu würde ich gerne noch etwas sagen...", „Weißt du, was ich mir überlegt habe?").[18] Männer treffen eine andere Auswahl an linguistischen Mitteln. Konversationsanalytische Untersuchungen zeigen, dass sie aus dem sprachlichen Repertoire jene Mechanismen auswählen, die ihnen mehr Autorität und Bestimmtheit verleihen. Dazu zählen Handlungsanweisungen in Form von expliziten Imperativen („Gib mir den Teller!", „Geh weg!"), Handlungsanweisungen verstärkt mit persönlichen Wünschen oder Bedürfnissen („Ich möchte den Teller jetzt!", „Ich will, dass du weg gehst!"), eine höhere Redezeit und häufigere Unterbrechungen der Gesprächspartner*innen. Sprachliche Abschwächungen werden bei ihnen als „Understatement" gesehen, Schweigen als Stärke und Überlegenheit - nicht als Unsicherheit und Unwissen. Das zeigt: Das Geschlecht der Sprechenden zählt mehr als die linguistischen Eigenschaften der Äußerungen. Wenn diese Regel gilt, konstruiert bei Diskussionen allein schon das Geschlecht einen Vor- bzw. Nachteil für die Wahrnehmung von Kompetenz.

Auch der Tonfall spielt eine Rolle in der Wahrnehmung, ob jemand als seriös gilt oder nicht. Tiefe Stimmen gelten als vertrauenswürdig und professionell. Aus diesem Grund werden Frauen bei der Sprecherinnenausbildung darauf trainiert, sich einen dunkleren Tonfall anzueignen. Sobald das Mikrofon eingeschaltet ist, ändert die überwiegende Mehrheit der Sprecherinnen in Rundfunk und Fernsehen ihre Stimmlage zu einer tieferen, denn das vermittelt Professionalität. Der Psychologe David Feinberg konnte in einer Studie sogar zeigen, dass eine tiefe Stimme bei Männern die Wahlchancen erhöht.[19] In einem Experiment nutzte er manipulierte Audioaufnahmen früherer US-Präsidenten sowie Stimmproben unbekannter Testsprecher und spielte sie Versuchspersonen vor. Sprecher mit tieferen Stimmen wirkten auf die Proband*innen dominanter, attraktiver, kompetenter und vertrauenswürdiger. Bei der Frage: „Wen würden Sie wählen?" wurden sie öfter favorisiert. Diese Erkenntnis scheint in Politkreisen weit verbreitet zu sein. So hat sich auch Margaret Thatcher im Verlauf ihrer politischen Karriere eine tiefere Stimme antrainiert.

Dass Frauen sich von tiefen Männerstimmen stärker angezogen fühlen, beruht aber nicht nur auf der vermuteten Professionalität. Forschungen im Bereich Phonetik zeigen, dass eine tiefe männliche Stimme bei Frauen als besonders attraktiv gilt, da sie sich dabei einen hochgewachsenen Sprecher vorstellen.[20] Umgekehrt finden Männer Frauen mit lieblichen Stimmen verführend. Interessanterweise hat sich diese Gruppe über die Jahre verkleinert. Aktuelle Untersuchungen zeigen, dass Frauen heute tiefer sprechen als noch vor zwei Jahrzehnten. Der Abstand zwischen Frauenstimmen und Männerstimmen hat sich von einer Oktave zu einer Quinte verringert, liegt also etwa bei der Hälfte des ursprünglichen Wertes.[21] Im Vergleich dazu haben sich Männerstimmen nicht verändert. Biologische Ursachen und Umweltfaktoren wurden überprüft (Ernährung, Hormone, Rauchen, Veränderung der Stimmbänder), konnten jedoch ausgeschlossen werden. Das bedeutet: Die Stimmveränderung bei Frauen basiert auf soziokulturellen Faktoren. Frauen benutzen heute aufgrund sozialer und gesellschaftlicher Bedingungen ihre Stimme anders. Die tiefere Stimme kann als Folge der weiblichen Emanzipation interpretiert werden, als Annäherung an das, was gesellschaftlich als „seriös" wahrgenommen wird. Dabei gibt es natürlich auch kulturelle Unterschiede. In Japan haben Frauen die höchsten Stimmen weltweit. Dort gilt eine hohe Stimme als Schönheitsideal. Die tiefsten Stimmen haben Frauen in Skandinavien, also in Ländern, in denen die Gleichberechtigung weit fortgeschritten ist.

Die Geschlechterdifferenz ist aber auch in den Strukturen der Sprache selbst installiert. Die deutsche Sprache ist männlich. Wir lassen uns von Ärzten operieren, unterrichten Schüler und reden über Migranten. Ärztinnen, Schülerinnen und Migrantinnen sind dabei zwar unsichtbar, aber „mitgemeint". Damit wird eine Weltsicht befördert, in der Frauen nicht präsent sind. Geschlechtergerechter Sprachgebrauch wird von feministischer Seite immer wieder hartnäckig thematisiert, die Abwehrhaltung ist jedoch lauter: Beide Formen zu verwenden ist mühsam, das Binnen-I unverständlich, und haben wir denn eigentlich keine anderen Probleme? Das generische Maskulinum bleibt die Norm. Dabei wäre es ja auch eine Möglichkeit, ausschließlich die weibliche Form zu verwenden. Damit wären sogar beide Geschlechter sichtbar.

Oder aber man führt ein geschlechtsneutrales Personalpronomen ein, wie es in Schweden passiert ist. Dort ergänzt „hen" als Personalpronomen „han" (er) und „hon" (sie) – als neutrale Bezeichnung für eine Person. Erfunden wurde das Wort schon in den 1960er-Jahren als Gegenentwurf zur damals fast durchgängig männlich geprägten Sprache. „Hen" soll einerseits das Schwedische vereinfachen und andererseits verdeutlichen, dass die Kategorien männlich und weiblich nicht immer im Vordergrund stehen sollten. Nach anfänglichen Protesten findet man die Bezeichnung heute in Zeitungen, an Schulen und Universitäten oder in Büchern, in denen die Autor*innen das Geschlecht einer Figur nicht vorwegnehmen wollen.

Sexuelle Selbstbestimmung und Familie

Gibt es einen abwertenden Begriff für heterosexuelle Männer, die mit vielen Frauen schlafen? „Schlampe" oder „Flittchen" sind nur zwei von vielen Bezeichnungen, die sexuell freizügig lebende Frauen herabwürdigen. Eine gleichwertige Beleidigung für Männer sucht man vergeblich. Für den Sexualwissenschafter Erwin J. Haeberle ist die unterschiedliche Beurteilung von häufig wechselnden Sexualpartner*innen bei Frauen und Männern ein

Anzeichen eines patriarchalischen Gesellschaftssystems.[22] Sie soll Frauen einen unehrenhaften Charakter verleihen, sie darin beschämen, sich das Recht herauszunehmen, einen eigenverantwortlichen Lebensstil zu verfolgen. Das verdeutlicht, dass sexuell selbstbestimmte Frauen nicht den Normvorstellungen entsprechen. Ist Promiskuität bei Männern ein Zeichen für Virilität und Attraktivität, gilt sie bei Frauen als billig und sittlich anrüchig. Auch im Bereich Verhütung werden je nach Geschlecht unterschiedliche Bewertungskriterien herangezogen. Eine Verhütungsmethode für Männer, die mit 96 % Zuverlässigkeit ähnlich sicher ist wie die hormonelle Verhütung für Frauen, ist im klinischen Versuch kürzlich an Nebenwirkungen gescheitert. Das Team um Studienleiter Richard Anderson von der University of Edinburgh beendete die Studie vorzeitig wegen Nebenwirkungen wie Akne, Schmerzen durch die Injektion, depressive Episoden und Veränderungen der Libido. Nebenwirkungen wie diese – und darüber hinaus, wie Gewichtszunahme, Zwischenblutungen, Stimmungsschwankungen, ein erhöhtes Thromboserisiko und ein erhöhtes Risiko hinsichtlich bestimmter Krebsarten sowie Herz- und Kreislaufkrankheiten – stehen an der Tagesordnung für Frauen, die hormonell verhüten. Eine gleichartige Problematisierung aus medizinischer Sicht lässt jedoch auf sich warten. Risiken bei Verhütungsmethoden für den Frauenkörper werden nicht nur leichter in Kauf genommen, sie sind auch teurer. Ob Pille, Hormonspritze, Spirale oder Verhütungspflaster: Sie alle sind noch dazu mit hohen Kosten verbunden. Kondome werden hingegen auf diversen Veranstaltungen gratis verteilt.

Ähnliches zeigt sich für die Regelblutung. Die Periode ist ein Zustand, den wohl kaum eine Frau als „Luxus“ bezeichnen würde, wohl eher als unfreiwillige Notwendigkeit. Dennoch fallen Hygieneartikeln wie Tampons oder Binden in die Besteuerungskategorie „Luxusartikel“. In Österreich zahlt man für Frauenhygieneprodukte genauso viel Steuern wie für Champagner, nämlich 20 %. Für Bücher oder Kinotickets gilt der ermäßigte Steuersatz von 10 bzw. 13 %. In Deutschland wird ein frischer Strauß Blumen mit 7% besteuert, da er als „Artikel des täglichen Bedarfs" gilt, Tampons und Binden hingegen mit 19%. Ob man einen Kinofilm ansehen oder einen Strauß Blumen kaufen möchte, dafür kann man sich entscheiden. Für Frauen sind Hygieneprodukte allerdings eine Notwendigkeit. Diese nicht als „Güter des täglichen Bedarfs" zu sehen, fällt in die Kategorie Zynismus. Frauen zahlen hohe Steuern dafür, als Frau geboren zu sein. Alleine in Kalifornien kommen jährlich 20 Millionen Dollar an Steuermitteln für Damenhygieneprodukte zusammen.[23] Trotz Verbesserungen in manchen Ländern – in Australien, Kanada, Kenia, Indien und etlichen anderen Ländern wurde die Besteuerung von Monatshygieneartikeln abgeschafft – gibt es weiterhin viele politische Entscheidungsträger, die eine Senkung des Steuersatzes für Produkte wie Tampons oder Binden ablehnen.

Kommen wir zum Intimverkehr selbst. Gemäß den vorherrschenden Bildern bestimmt der sexuelle Höhepunkt des Mannes das Ende des Geschlechtsakts. Der Orgasmus der Frau spielt eine stark untergeordnete Rolle, wenn überhaupt. Im Schulunterricht wird er kaum thematisiert, da bei der Sexualkunde im Fach Biologie die Fortpflanzung im Vordergrund steht. Um Kinder zu zeugen braucht es keinen weiblichen Orgasmus, wohl aber einen Samenerguss. Aber selbst in dominanten pornographischen Darstellungen, die sich rein um den Lustgewinn drehen, liegt das Hauptaugenmerk auf dem Höhepunkt des Mannes. Mit dem „cumshot", also der männlichen Ejakulation, endet der Beischlaf und Pornoclip. Ob die Frau die Intensität ihrer Lustgefühle ausleben konnte und erfüllt und befriedigt aus dem Liebesakt herausgehen kann, ist nebensächlich. Denn hingearbeitet wird einzig auf die Samenentleerung – so demonstrieren es die Bilder, so leben es viele junge Frauen und Männer nach. Zahlreiche Studien zeigen, dass für Männer der eigene Orgasmus das Ende des Sexualakts darstellt.[24] Der Höhepunkt der Frau dient eher als Selbstzweck, zur Bestätigung der eigenen Männlichkeit.

Dass ein Schwangerschaftsabbruch, als Teil des selbstbestimmten Umgangs von Frauen mit ihrem Körper, von zahlreichen Konservativen und Vertreter*innen der katholischen Kirche mit Mord gleichgesetzt wird, ist allgemein bekannt. In manchen Ländern zählt aber auch eine Totgeburt als Mord. Ein derartiger Fall stand kürzlich im Fokus der Berichterstattung. Die schwangere Teodora del Carmen Vásquez war in ihrem Heimatland El Salvador in der Arbeit, als sie plötzlich starke Schmerzen spürte. Sie rief den Notarzt, verlor kurz danach das Bewusstsein und erlitt eine Fehlgeburt. Die Polizei nahm sie wegen Mordverdachtes fest. Das Urteil: 30 Jahre Haft. Nach zehn Jahren im Gefängnis wurde sie von einem Gericht freigelassen – zum Glück, denn ihr Berufungsantrag wurde zuerst abgelehnt. Teodora del Carmen Vásquez ist nicht die einzige Frau, die in El Salvador wegen Fällen wie diesen verurteilt wurde. Schwangerschaftsabbruch ist dort, wie auch im Nachbarstaat Nicaragua, ausnahmslos verboten – ob die Schwangere vergewaltigt wurde, Gefahr für ihre Gesundheit oder ihr Leben besteht, spielt dabei keine Rolle. Und auch im europäischen Raum sind die Rufe nach der Restriktion von Schwangerschaftsabbrüchen von rechtspopulistischen Parteien laut. Die polnische Regierung strebt danach, das Abtreibungsrecht weiter zu verschärfen, die deutsche Partei AfD will das Recht auf Abtreibung abschaffen und der Federführer der neuen Ausrichtung der österreichischen Volkspartei ist der Ansicht, dass es selbst bei Vergewaltigungsopfern schön wäre, wenn das Kind zur Welt kommen dürfe, denn danach gäbe es ja Möglichkeiten wie Adoption oder Babyklappe. Im Gegensatz dazu gibt es für Männer, die sich der Verantwortung einer von ihnen mitverursachten ungewollten Schwangerschaft entziehen wollen, keine Sanktionen.

Bekommt ein Paar Kinder, dann kümmern sich Frauen nach wie vor im größeren Ausmaß um Kinderbetreuung, Pflege von Familienangehörigen und den Haushalt, also um Arbeiten, die weder bezahlt werden noch gesellschaftliche Wertschätzung erfahren. Je „weiblicher" ein Beruf, desto geringer die gesellschaftliche Wertschätzung und die Entlohnung. Das betrifft zum Beispiel Kindergärtnerinnen, Pflegerinnen, Krankenschwestern oder Grundschullehrerinnen. Warum sollte man für diese Tätigkeiten auch viel Geld erhalten? Was zu Hause umsonst gemacht wird, kann als Erwerbsarbeit nicht so teuer sein. Im öffentlichen Diskurs wird häufig betont, dass Frauen weniger „verdienen" als Männer. Die doppelte Wortbedeutung von „Verdienst" ist hier sehr sprechend. Man könnte es auch so formulieren: Sie verdienen nicht weniger, sie erhalten für ihren Einsatz weniger Entgelt, als ihnen zusteht. Gleichzeitig sind bestimmte Leistungen und Produkte für sie teurer. Beim Friseur gibt es in vielen Salons immer noch unterschiedliche Preise je nach Geschlecht – statt nach Haarlänge. Oder ein anderes Beispiel: Die Kugelschreibermarke „Bic" hat 2012 eine Linie für Frauen herausgebracht unter dem Namen „Bic for her". Die einzigen Unterschiede zu den regulären Stiften: Sie waren pink und haben doppelt so viel gekostet.

Insgesamt lässt sich feststellen: Ja, es hat sich viel getan für Frauen. Traditionelle Rollenbilder treten in der Praxis zunehmend in den Hintergrund, alleine schon deshalb, weil ein Einkommen für die Erhaltung eines Haushalts kaum mehr ausreicht und Frauen am Arbeitsmarkt partizipieren. Zudem gibt es eine höhere Sensibilisierung gegenüber Sexismus und struktureller Diskriminierung. Dennoch: Die wirtschaftliche, politische und mediale Sphäre ist weiterhin männlich dominiert. Und auch jenseits der statistisch untermauerbaren Ungleichheiten finden immer noch ungleiche Bewertungen von Gleichem zwischen den Geschlechtern statt. In jenen Bereichen ist es dann umso schwieriger, dagegen anzutreten, denn „Frauen sind ja schon gleichberechtigt" und „wenn sie so gleichberechtigt sind, sollten sie auch stark genug sein, Dinge anzusprechen". Erschwerend hinzu kommt, dass Frauen diesem selbstgerechten Blick nicht nur von Männern ausgesetzt sind, sondern auch von ihren Geschlechtsgenossinnen. Das Geschlecht schützt eben nicht vor einer patriarchalen Haltung.

MÄNNLICHKEIT UND STÄRKE

Wenn die althergebrachten Rollenbilder aufweichen, dann wird es schwierig für traditionell orientierte Männer. Denn ihre Vorstellungen von der Welt und ihrem Platz in ihr sind von alten Annahmen über die besondere Rolle und Stellung des starken Geschlechts am Arbeitsplatz und in der Familie geprägt. Männer mit einem traditionellen Geschlechterrollenverständnis leben nun aber in einer Gesellschaft, in denen diese Annahmen nicht mehr gelten. Wenn es dann an Ressourcen und Möglichkeiten mangelt, sich an die neuen Anforderungen anzupassen, dann fühlen sie sich zum Beispiel entmachtet, wenn ihre Partnerin mehr verdient als sie selbst, und haben damit nicht nur in finanzieller, sondern auch in persönlicher Hinsicht das Nachsehen.

Traditionelle Vorstellungen von Männlichkeit, von Dominanz, Stärke und Kontrolle sind in vielerlei Hinsicht schädlich für das moderne gemeinschaftliche Zusammenleben – nicht nur für Frauen, sondern besonders für Männer selbst. Schon in jungen Jahren werden Buben sozialisiert, sich auf eine bestimmte Art und Weise zu verhalten. Eltern gestalten die Kinderzimmer ihres Sohnes blau, kaufen Spielzeugautos und Legos und bringen ihm bei, wie man Fußball spielt. Buben lernen sehr früh, dass die Farbe Rosa und mit Puppen spielen nur etwas für Mädchen ist.[25] Nur, was soll daran eigentlich bedenklich sein? Rebecca Bigler, Professorin für Entwicklungspsychologie an der Universität Texas in Austin, hat dazu in den 1990er-Jahren eine Studie durchgeführt.[26] Anhand eines Experiments mit einer Gruppe von Grundschullehrer*innen und deren Schüler*innen zeigt sie, wie Kinder Stereotype über Buben und Mädchen entwickeln und welche Konsequenzen das nach sich ziehen kann. Für die Studie wurde die Hälfte der Lehrer aufgefordert, das Klassenzimmer gemäß den Geschlechterstereotypen zu beschriften und zu organisieren. Es gab eine rosa Mitteilungstafel für Mädchen und eine blaue für Buben. Die Namenskarte jedes Kindes wurde entweder in rosa oder in blau geschrieben und die Kinder mussten sich immer in der Reihenfolge Bube-Mädchen-Bube-Mädchen aufreihen. Die Lehrer sagten Dinge wie: „Die Mädchen haben das heute sehr gut gemacht" oder „Die Buben sind gute Zuhörer". Ein wichtiger Teil dieses Experiments war, dass die Lehrer Buben und Mädchen gleich behandeln mussten. Es war keine Bevorzugung oder Konkurrenz erlaubt. Sie durften auch keine Stereotype vermitteln. So wurden Buben nie gebeten, „groß und stark" zu sein und die Schreibtische zu tragen, oder Mädchen, beim Aufräumen zu helfen. Die Lehrer mussten das Geschlecht also lediglich funktional verwenden, um zu sortieren, zu etikettieren und zu klassifizieren. Mit anderen Worten: Es war ein typisches Klassenzimmer, wie man es auch ohne Experiment häufig vorfindet.

Die andere Hälfte der Lehrer*innen in der Studie wurde angewiesen, das Geschlecht ihrer Schüler vollständig zu ignorieren. Sie verwendeten individuelle Namen, wenn sie sich auf Kinder bezogen, und behandelten die Klasse immer als Ganzes. Es gab keine Kommentare wie „Was für ein schlaues Mädchen!" oder „Die Buben setzen sich jetzt bitte nieder." Stattdessen sagten sie: „Karen, du bist eine großartige Helferin!" oder „Tom, wie gut du das gelernt hast!".

Was hat die Psychologin Bigler herausgefunden, nachdem die Lehrer*innen ihre Klassenräume vier Wochen lang in dieser Form geführt hatten? Die Schüler*innen in den Gender-Labeling-Klassen entwickelten stärkere Geschlechterstereotypen als in den individuell ausgerichteten Klassen. Obwohl die Lehrer selbst keine Gender-Stereotype verwendeten, führte allein schon die Einteilung in Geschlechtergruppen dazu, dass Schüler*innen eher der Ansicht waren, „nur Männer" sollten bestimmte Jobs haben, wie z.B. Bauarbeiter, Arzt oder Präsident. Im Gegensatz dazu sollten „nur Frauen" Krankenschwester, Hausfrau oder Babysitterin sein. Sie sagten auch, dass „nur Frauen" nett und sanft seien und auf Kinder aufpassen können. Die Entwicklung dieser Geschlechterstereotypen bewirkt auch, dass Schüler in den Gender-Labeling-Klassen weniger Unterschiede innerhalb jeder Gruppe wahrnehmen. Sie verallgemeinerten eher auf Basis des Geschlechts, dass „alle" Buben in einer Richtung handelten oder „keines" der Mädchen in eine andere handelte. Mit anderen Worten: Indem die Lehrer sich auf ihr Geschlecht anstatt auf ihre individuellen Merkmale konzentrieren, übersehen Kinder, dass es tatsächlich individuelle Variationen innerhalb männlicher oder weiblicher Gruppen gibt.

Warum ist dieses Ergebnis nun wichtig? Einerseits zeigt es, dass keine Verhaltensweisen Buben und Mädchen eindeutig trennen und definieren. Und darauf aufbauend kann diese Art von normiertem Denken auch zu Schwierigkeiten im Zusammenleben führen. Wenn sich ein Kind auf eine bestimmte Art und Weise von der Norm unterscheidet, dann kann das schnell als Fehlverhalten bewertet werden. Ein Beispiel: Kinder in der Gender-Labeling-Klasse in diesem Experiment sagen nach vier Wochen eher, dass „alle Buben Sport mögen". Stellen Sie sich nun vor, wie es für einen Buben ist, der Sport nicht mag, keinen Ball werfen kann oder wirft „wie ein Mädchen" – was synonym verwendet wird für „schlecht". Andere Kinder werden ihn ärgern, sein Selbstwertgefühl wird schon sehr früh auf die Probe gestellt. Ohne eigenes Verschulden wird er abgewertet, einfach weil seine Schulkollegen denken, dass alle Buben oder alle Mädchen einen bestimmten Weg gehen, bestimmte Eigenschaften und Vorlieben haben müssen. Das ist ein sehr hoher Preis, den viele Kinder dafür zahlen, dass Erwachsene unreflektiert mit der Kategorie Geschlecht umgehen.

Anders ist es in der schwedischen Vorschule „Egalia", in der die gendergerechte Erziehung an der Tagesordnung steht. Dort werden den Kindern bewusst Antistereotype vermittelt, etwa bei der Berufswahl. Geht es um den Beruf Astronaut, wird das Bild einer Astronautin gezeigt, damit der Nachwuchs lernt, dass das Geschlecht nicht die Berufsgruppe festlegen muss. Auch bei der Auswahl an Spielzeug und Literatur werden gängige Klischees vermieden. In vielen Büchern werden homosexuelle Paare oder Alleinerziehende gezeigt. Die Kinder lernen, dass traditionelle Lebensentwürfe – selbst, wenn sie diese aus ihrem familiären Umfeld kennen – nicht die einzigen sind.

Vulnerabilität als Schwäche?

„Wenn Du Dich als Mann fühlen willst, musst Du zeigen, dass Du Frauen nicht weiter brauchst, um zu überleben." So lautet einer von vielen Tipps einer Homepage, mit deren Hilfe man lernen soll, die „eigene Männlichkeit zu stärken". Sich „als Mann fühlen" bedeutet demnach emotionale Unabhängigkeit zu performen, keinen Raum für Verletzlichkeit zu bieten und damit affektiv überlegen zu sein, Kontrolle über die Situation zu bewahren.

Diese gängige Wahrnehmung von Männlichkeit ist nichts Naturgegebenes, sie variiert je nach Kultur und historischer Epoche. Die heutige Ansicht, dass emotionale Verwundbarkeit als Schwäche angesehen wird, war nicht immer so. In der höfischen Liebe des Hochmittelalters wurde das überschwängliche Offenlegen der Gefühle für eine Frau und die damit verbundene Vulnerabilität als Zeichen von Maskulinität gesehen. Die Ablehnung, die Enttäuschung und der Liebesschmerz über die unerfüllte Sehnsucht des Ritters nach einer unerreichbaren Dame waren keine Minimierung des männlichen Egos, sondern im Gegenteil eine Möglichkeit, der Gesellschaft die Kraft des eigenen Charakters zu beweisen. Indem man intensive Gefühle des Leids durchlebte, ohne daran zugrunde zu gehen, demonstrierte man Stärke und Männlichkeit. Das hat sich stark gewandelt, und das ist doch eigentlich interessant. Denn sich verwundbar zu zeigen, sich dem eigenen

Schmerz zu stellen, die Kontrolle über die Selbstdarstellung zu verlieren und sich zutiefst angreifbar zu machen, erfordert mitunter sehr viel mehr Mut, als einen Panzer um sich aufzubauen, in den emotional scheinbar nichts eindringen, aber auch nichts nach außen kommuniziert wird. Dennoch bezeichnen wir ersteres als Schwäche und zweiteres als Stärke.

Zum heute dominanten Männlichkeitsbild zählt nicht nur das Abhärten und Verbergen von Verletzlichkeit, sondern auch der Anspruch auf bestimmte Dinge, wie finanzieller Erfolg, Zugang zu Frauen oder Macht. Ist man in diesen Bereichen nicht „erfolgreich", dann kann es mitunter zu schweren Kränkungen kommen. Und ohne andere Umgangsformen gelernt zu haben, um derlei Kränkung auszudrücken, greifen einige Männer auf unterschiedliche Formen von Gewalt zurück. Derartige Verhaltensmuster zeigen sich bereits in der Pubertät. Werden junge Männer von ihren peers nicht als „männlich" wahrgenommen, zeigen sie „Schwäche", benehmen sie sich „wie ein Mädchen" – ein Synonym für ängstlich. Zeigen sie vielleicht sogar kein Interesse an Mädchen und Frauen, dann werden sie den Geschlechternormen nicht gerecht und gehen das Risiko ein, abgewertet oder ausgeschlossen werden. Üben sie dann Gewalt aus, so erfüllen sie wieder die Erwartungen ihres Geschlechts und erobern sich ihre Männlichkeit zurück. Diese enge Verknüpfung von dominanten Männlichkeitsbildern und Gewalt zeigt sich besonders gut am Beispiel von school shootings in den USA.

Gewalt als Mittel zur (Wieder-)Herstellung von Männlichkeit

Zwischen 1982 und Februar 2018 wurden in den USA 97 mass shootings verzeichnet.[27] 94 davon wurden von Männern durchgeführt, zwei von Frauen und eines von einem Mann und einer Frau (San Bernardino im Dezember 2016). Stellen Sie sich vor, 94 von 97 Massenmorden wären von Frauen begangen worden.

Denken Sie, das würde im öffentlichen Diskurs nebensächlich diskutiert werden? Oder wäre das Erste, worüber man sprechen würde, dass die Verschiebung der kulturellen Vorstellungen von Weiblichkeit zu solchen Taten beigetragen haben könnte? Diskussionen über die Relevanz von Geschlecht und den dahinterliegenden gesellschaftlichen Normen sind höchst bedeutsam, werden aber bei Gewaltdelikten männlicher Täter kaum geführt.

Stattdessen wird der Fokus auf psychische Erkrankungen der Täter gelegt. Dabei stellt sich im Umkehrschluss die Frage: Wenn diese die Ursache etwa für Schulschießereien sind, warum werden die Morde dann nicht in gleichem Ausmaß von Mädchen begangen? Und warum werden sie ausschließlich von weißen Schülern begangen? In den USA haben viele Menschen keinen ausreichenden Zugang zu psychosozialen Diensten. Ethnische Minderheiten, Armutsbetroffene und Arbeitslose haben sogar noch weniger Zugang zu derlei Gesundheitsdiensten. Dennoch werden school shootings nicht nur größtenteils von Weißen, sondern von weißen Männern der Mittelschicht begangen. Wäre der begrenzte Zugang zu psychosozialen Diensten das zentrale Problem, dann sollten viel mehr Massenschießereien von wenig privilegierten Minderheiten, insbesondere farbigen Frauen, verübt werden. Statistisch gesehen geht es jedoch um weiße Männer der Mittelschicht, jene Mitglieder der Gesellschaft, die eine privilegierte Vormachtstellung haben, die etwas bröckelt. Die zentrale Frage, die man dazu stellen sollte, lautet demnach nicht: „Warum hat er keine therapeutische Behandlung bekommen?", sondern: „Was passiert mit weißen Männern?".

Der Sozialwissenschafter und anti-violence activist Jackson Katz hat sich intensiv mit school shootings beschäftigt. Er setzt sich vehement dafür ein, dass Männlichkeit als zentraler Faktor bei der Entstehung von Gewalt in den Fokus der öffentlichen Debatte gerückt wird.[28] Was die Täter seiner Ansicht nach gemeinsam hatten, war weder das Spielen von aggressiven Computerspielen noch psychische Probleme, sondern dass sie von ihren Mitschüler*innen nicht als ausreichend männlich wahrgenommen wurden. Mit dem Griff zur Pistole eroberten sie sich ihre Männlichkeit zurück.

Zentral dabei ist, dass Gewalt ein geschlechtsspezifischer Weg ist, bestimmte Ziele zu erreichen. Eine der Arten, wie wir Gewalt verstehen können, ist, dass sie eine äußere Manifestation eines inneren Schmerzes ist, etwa eine tiefe unerfüllte Sehnsucht nach Verbindung, die zu Verzweiflung und Wut führen kann. Denn gemäß den gesellschaftlichen Erwartungen und Normen dürfen Männer nur bestimmte Emotionen erleben und ausleben. Ärger und Wut sind akzeptierte und erwartete Formen des emotionalen Ausdrucks von männlichen Gesellschaftsmitgliedern. Die gesellschaftlich vorherrschenden Bilder von Weiblichkeit hingegen sind nicht darauf angelegt, dass Frauen Gewalt als Mittel zum Zweck anwenden.

Neben einem Ausdruck von verleugnetem Schmerz ist Gewalt auch eine Form von Rache. Laut Katz wenden Männer oft Gewalt an, um etwas zurückzuerobern, von dem sie glauben, dass es ihnen genommen wurde. Darunter fallen sogenannte „Beziehungstaten“, bei denen man (Ex-)Partnerinnen physischen Schaden zufügt oder das Leben nimmt, aber auch die Vergeltung an Schulkolleg*innen, die einen nicht als maskulin genug anerkannt haben. Die Täter bedienen sich der Gewalt normalerweise nicht, weil sie Temperamentsprobleme haben, sondern eher als Mittel, Macht und Kontrolle über die anderen zu gewinnen oder zu behalten. Damit erfüllen sie die Erwartungen an ihr Geschlecht. Das soll nicht heißen, dass alle Männer, die das Gefühl haben, ihr wahrgenommenes Recht auf Macht und Autorität zu verlieren, zu Gewalttätern werden. Dennoch müssen die breiteren Muster berücksichtigt werden. Es wäre also wichtig, darüber zu reden, wieso viele Buben und Männer in unserer Gesellschaft dazu konditioniert sind, Gewalt als Lösung ihrer Probleme oder Ängste zu betrachten oder Rache an denen zu üben, die ihnen etwas nehmen.

Männlichkeit und Leistung

Während in vielen gesellschaftlichen Bereichen nach wie vor starke geschlechtsspezifische Ungleichheiten vorherrschen, haben Frauen in einem Bereich erheblich aufgeholt bzw. sind sie an den Männern vorbeigezogen: bei der Bildung. So ist es für Frauen heute wahrscheinlich, dass sie bessere Noten bekommen und höhere Abschlüsse erwerben als ihre männlichen Kollegen. Die Soziologen Thomas A. DiPrete und Claudia Buchmann stellen in einer Studie auch hier einen Zusammenhang mit dominanten Männlichkeitsbildern fest.[29] So hat die geringere Leistung von Buben in der Schule mehr mit den gesellschaftlichen Normen über Maskulinität zu tun als mit deren Anatomie, Hormonen oder Gehirnstruktur. Die Untersuchung zeigt, dass junge Männer, die außerschulische kulturelle Aktivitäten wie Musik, Kunst, Schauspiel und Fremdsprachen ausüben, ein stärkeres Commitment in der Schule zeigen und bessere Noten erhalten als jene, die das nicht machen. Allerdings wird dieses Angebot im schulischen Alltag von männlichen Jugendlichen oft als unmaskulin gesehen und abgelehnt. Dementsprechend verfügen Mädchen in der Grundschule und darüber hinaus durchgehend über ausgeprägtere soziale und verhaltensbezogene Fähigkeiten, was zu einem höheren Niveau im kognitiven Lernen und einem höheren akademischen Engagement führt.

Es ist unvermeidlich, dass in den kommenden Jahren viele Männer weniger verdienen werden als ihre Partnerinnen. Die Rolle des männlichen Ernährers, des Alleinverdieners, des Familienoberhaupts ist nicht mehr aufrechtzuerhalten, besonders im Niedriglohnbereich. Nicht nur die Erwerbsquote von Frauen nimmt zu, auch ihr Einkommen wird sich in Zukunft erhöhen. Mehr Frauen als Männer schließen höhere Bildungsgrade ab. In Österreich tritt diese Tendenz besonders bei Migrant*innen der zweiten und dritten Generation sehr deutlich hervor. Im Niedriglohnsektor werden (z.B. durch Automatisierung in der Produktion) Jobs, die allein über Muskelkraft funktionieren, noch weniger werden, hingegen wird den Jobs mit wissensintensiven Tätigkeiten (z.B. durch Digitalisierung in der Informationswirtschaft) noch weiteres Wachstum vorausgesagt. Diese Tendenzen sind keine Einzelerscheinungen, sie sind weit verbreitet, international und systemimmanent. Insgesamt hätte es viele Vorteile, sich diesen Entwicklungen anzupassen. Gerade im Vorschul- und Schulunterricht wäre zum Beispiel ein höherer Männeranteil unter dem Lehrpersonal eine große Bereicherung. Männer im Klassenraum erweitern nicht nur die Erfahrung von Kindern, sondern bieten für Buben auch ein Vorbild für berufliche Tätigkeiten, die sowohl fürsorglich als auch diszipliniert sind.

Aktuell können wir jedoch eher gegenteilige Tendenzen beobachten. In vielen westlichen und osteuropäischen Ländern formiert sich ein Backlash in Form einer wütenden Reaktion von konservativen Gruppen, die sich von progressiven Veränderungen eingeschüchtert fühlen. Grundidee dieser Gegenbewegung ist eine vergangene und im Rückblick verklärte souveräne Männlichkeit bzw. Überlegenheit, die als verloren gilt und wiederhergestellt werden soll. Dahinter steht die Vorstellung, dass die gesellschaftliche Grundlage eine „klassische" intakte Familie mit einem männlichen Familienoberhaupt ist. Diese Sehnsucht nach konservativen Familienmodellen ist die Antwort auf und das Ergebnis von Emanzipationsprozessen, einer höheren Toleranz für unterschiedliche Lebensformen und einer damit verbundenen Unsicherheit und Ungewissheit. Neu gewonnene Rechte und Freiheiten für Minderheiten sollen rückgängig gemacht werden.

Viele weiße Männer sehen sich selbst als Opfer des Multikulturalismus und des Feminismus, da damit ihr wahrgenommenes Recht auf eine Vormachtstellung und männliche Autorität gefährdet wird. Diese Weltsicht zeigt sich besonders deutlich in Männerrechtsbewegungen, die argumentieren, dass das männliche Geschlecht heute das wahre benachteiligte Opfer ist. Dass von der zunehmenden Selbstbestimmung, die sich andere soziale Gruppen erkämpft haben, eine Bedrohung ausgeht, zeugt von fragiler Maskulinität. Aus Angst vor dem Verlust von Macht, Identität und Privilegien werden Entwicklungen der Gleichberechtigung versucht klein zu halten und Feminist*innen angeprangert oder im digitalen Raum sogar bedroht. Sich nur dann stärker zu fühlen, wenn man Rechte anderer Gruppen klein hält oder beschneidet, spiegelt eine gefährdete Identität und Stärke wider, die vom niedrigeren Status anderer abhängig ist.

Die Anzeichen fragiler Maskulinität sind relativ einfach zu identifizieren. Gegenüber sozialen Problemen im Zusammenhang mit Geschlecht (z.B. eine Frau wird mehrfach von Männern belästigt) manifestiert sich fragile Männlichkeit typischerweise durch ein Gefühl der Beleidigung, für sich selbst oder gleich für alle Männer, die Behauptung „Nicht alle Männer sind so" oder „Männer sind auch betroffen", das Diskreditieren der Problemdarstellung als männerfeindlich oder sexistisch gegen Männer und das pauschale Verteidigen von unbekannten Männern, ohne relevante Fakten zu kennen. Unabhängig von der konkreten Anlasssituation zeigt sich fragile Männlichkeit auch durch die Angst, in irgendeiner Weise als weiblich oder mit weiblichen Zügen betrachtet zu werden (z.B. das Vermeiden von Aktivitäten, die als feminin angenommen werden können), ein Unbehagen, möglicherweise der Lesbian Gay Bi Trans Queer (LGBTQ)-Gemeinschaft zugerechnet zu werden (z.B. überdeutlich die Leidenschaft für Frauen ausdrücken zu müssen, damit es wirklich alle hören können), oder dem Drang klarzustellen, dass man nicht schwul ist, obwohl niemand danach gefragt hat („no homo").

Ist die eigene Maskulinität stabil, dann ist es keine Gefährdung für das männliche Ego, wenn man einen rosa Pullover trägt, Cupcakes backt oder andere glauben könnten, dass kosmetische Gesichtsmasken nur für Schwule seien. Dann ist es auch kein Problem, einen Freund, der traurig ist und Trost braucht, zu umarmen, weil man weiß, dass einen das nicht sofort zu einem Homosexuellen macht. Und selbst wenn andere einen für homosexuell halten, wird es nicht als eine Herabsetzung von Männlichkeit gesehen. Die eigene Maskulinität ist also nicht einfach durch Äußerlichkeiten oder von außen kommende Zuschreibungen gefährdet. Sie ist nicht fragil, sondern stabil.

Boys do cry

Männlichkeit ist ein kulturell wie historisch variables soziales Konstrukt. Als Gesellschaft sind wir dafür verantwortlich, welche Eigenschaften und Qualitäten wir mit Männlichkeit verbinden, und ob wir Weiblichkeit im Gegensatz dazu abwerten. Verwundbarkeit, Mitgefühl und Empathie sind nicht von Natur aus weibliche Merkmale, sondern menschliche Eigenschaften. Männer lernen jedoch häufig das Gegenteil: nicht auf den eigenen Schmerz einzugehen, sich nicht verletzlich zumachen, kein „Weichei" zu sein.

Von klein auf ist es eigentlich ganz natürlich, dass Buben weinen und Gefühle zeigen. Dennoch werden sie dahingehend sozialisiert, sich weniger verletzlich zu zeigen als Mädchen. Es ist nicht nur unnatürlich, sie davon abzuhalten, Gefühle zuzulassen, emotional ehrlich und expressiv zu sein. Es kann auch zu destruktiven Verhaltensweisen gegen sich selbst und andere führen, wenn Buben lernen, die eigenen Emotionen nicht weiter zu beachten, sie hinunterzuschlucken oder zu verdrängen. Die Scham über das Empfinden eines Gefühls von Traurigkeit, Verzweiflung oder anderer starker Emotionen – ausgenommen der Wut – und die Unmöglichkeit, diese auszudrücken, führen zu einer Entfremdung von sich selbst. Wem der Zugang zum eigenen Schmerz versperrt ist, der wird auch den von anderen nicht nachempfinden können. Wenn wir es jungen Männern nicht zugestehen, Verletzlichkeit, Schmerz und Angst zu erleben und auszudrücken, weil das mit Schwäche, einer vermeintlich weiblichen Qualität, verbunden ist, wie sollen sie dann in der Lage sein, sich auf die Erfahrungen anderer zu beziehen?

Expat

KAPITEL 3: EINWANDERUNG

„Expats sind Immigranten erster Klasse."

Rico Schüpach

KAPITEL 3: EINWANDERUNG

Europa hat in den vergangenen Jahrzehnten unterschiedliche Formen von Einwanderungen erlebt. Von der so genannten Gastarbeitermigration, die eine langfristige Einwanderung aus Drittstaatenländern darstellt, hin zu europäischer Mobilität, also temporären Studien- oder Berufsaufenthalten innerhalb der EU, bis zu der Wanderung von Geflüchteten im Jahr 2015, die uns eine historische Situation gebracht hat: Die externen Grenzen der EU wurden aufgebrochen, das internationale humanitäre System hat versagt, eines der Kern-Rechte der EU, freie Mobilität, ist gefährdet und die Zukunft der EU als größtes Friedenswerk der Nachkriegszeit ist unsicher.

Im politischen Diskurs wird deutlich, dass das wirtschaftliche Selbsterhaltungsvermögen, also die Verwertbarkeit von Zugezogenen am Arbeitsmarkt, die oberste Maxime ist. Ziel ist es, die Wettbewerbsfähigkeit des europäischen Raums zu erhöhen sowie Arbeitslosigkeit zu vermeiden und damit etwaigen Sozialausgaben vorzubeugen. Im aktuellen Fall ist diese radikal ökonomische Bewertung aber formal betrachtet nicht von Relevanz. Wenn es um Niederlassungen aus humanitären Gründen geht, hat – rechtlich und sehr plakativ gesprochen – ein*e Analphabet*in dieselben Schutzrechte wie ein*e Nobelpreisträger*in. Doch in der Praxis sieht das anders aus. Hier sind Personen im Vorteil, die sich als besonders vulnerabel darstellen oder Heldenhaftigkeit an den Tag legen. Warum das unfair ist und warum lokal Ansässige Geflüchteten nicht selbstgerecht unterstellen sollten, dass es ihnen an demokratischen Werten fehlt, sondern lieber selbst ihre eigenen überdenken sollten, ist Gegenstand des ersten Kapitels.

Dass beim Thema Einwanderung das Bild von einem Gegensatz zwischen „den Anderen“ und einem europäischen „Wir“ omnipräsent ist, hat eine lange Geschichte. So ist die Sorge, dass Einwanderer*innen überwiegend eine wohlfahrtsstaatliche Belastung darstellen, in Westeuropa bereits seit Beginn des 20. Jahrhunderts weit verbreitet. Wie Diskurse diese Ungleichheit stiften, warum selbst alteingesessene Migrant*innen gegen neu Zugezogene wettern und was Fremdenfeindlichkeit mit der Moderne zu tun hat, wird im zweiten Kapitel beschrieben.

WER IST ES WERT ZU BLEIBEN?

Im Bereich Flucht und Asyl hat in den vergangenen Jahren in der EU eine Vielzahl an sichtbaren menschlichen Dramen stattgefunden. Tausende Menschen sind vor den Grenzen Europas ertrunken. Allein im Jahr 2016 wurden rund 5000 Todesopfer im Mittelmeer verzeichnet. Diese sind nicht etwa Naturkatastrophen zum Opfer gefallen, sondern einer verfehlten Politik. Sie alle waren auf der Flucht vor Krieg, Terror und Not. Bilder der humanitären Krise waren tagtäglich in den Medien zu sehen. Doch es gab zwei Momente, die ein besonders großes Gefühl der Ungerechtigkeit auslösten.

Im August 2015 kamen 71 Menschen in einem Kühllastwagen ums Leben, der in Österreich auf der Autobahn in der Nähe von Parndorf vorgefunden worden war. Auf knapp 14 Quadratmetern sind Geflüchtete aus dem Irak, aus Syrien, Afghanistan und Iran erstickt. Ein österreichischer Autobahnpolizist hatte den Laster aufgebrochen und die Tragödie entdeckt. *Der Spiegel* schrieb in einem Artikel mit dem Titel „Die Zäsur" darüber: „Die Menschen im Lkw haben es nicht bis zu ihrem Ziel geschafft. Die Flüchtlingskrise aber ist an diesem Tag endgültig in Deutschland angekommen, in den Köpfen der Bürger, in den Medien, in der Politik."[30]

Es stellt sich die eindringliche Frage, warum die Flüchtlingskrise erst mit diesem Moment in den Köpfen der Menschen angekommen sein soll? Im vorangegangenen Jahr 2014 wurden laut UNHCR-Statistik 3.538 Menschen, die über die Mittelmeerroute geflüchtet sind, als tot oder vermisst gemeldet.[31] Diese Statistik ist eine Minimumschätzung, die tatsächliche Zahl könnte ein Vielfaches betragen. Sicher ist: Von den Geflüchteten aus Afrika und dem Nahen Osten auf ihrem Weg über das Meer sind im Vorjahr etwa fünfhundertmal so viele Menschen umgekommen wie in dem Lastwagen bei Parndorf. Wenn also die zwei Promille der Fluchtopfer, die vor unserer Haustür gefunden werden, zu einem Gamechanger werden, ist nicht das Ausmaß der Tragik der Empathieauslöser, sondern die räumliche Nähe.

Ein Monat später, im September 2015, ging das Foto von Ailan um die Welt, einem kleinen Buben aus dem Bürgerkriegsland Syrien, der die Flucht über das Mittelmeer nicht überlebt hat. Das Foto zeigt seinen kleinen toten Körper an der türkischen Küste. Ein junger Polizist trug die Leiche davon, mit seinem Kopf zur Seite gedreht, als wolle er dem Anblick entgehen. Die Aufnahme verbreitete sich schnell über Twitter unter dem türkischsprachigen Hashtag #KiyiyaVuranInsanlik („Die fortgespülte Menschlichkeit"). Mehrere Zeitungen druckten das Foto auf der Titelseite, die Szene sorgte international für Bestürzung. „Was, wenn nicht dieses Bild eines an den Strand gespülten syrischen Kindes wird die europäische Haltung gegenüber Flüchtlingen ändern?"[32], fragte die britische Zeitung *The Independent*. Ailan hat die Flucht vor dem Bürgerkrieg nach Europa nicht überlebt, so wie tausende Erwachsene und Kinder vor ihm auch. Doch es war das Foto des verstorbenen dreijährigen Kindes, das zum Symbol der humanitären Krise wurde. Seine Geschichte hat der Flüchtlingskrise ein Gesicht gegeben, hieß es.

Hier zeigt sich eine menschliche Paradoxie: Unsere Bereitschaft für Mitgefühl hängt nicht unbedingt mit der Zahl der Menschen, die Leid erfahren, zusammen. Unsere Empathie wird besonders im Einzelnen hervorgerufen, weil wir uns darin erkennen – und auch unsere Kinder. Die gedruckten Meldungen über 500 ertrunkene Geflüchtete im Mittelmeer lösen keinen vergleichbaren Schmerz aus, da die einzelnen Menschen hinter den Zahlen zu einer Abstraktion werden. Und Abstraktionen lösen keine Gefühle aus. Je näher die Leidenden sind oder je näher uns das Leid ist, desto eher sind wir bereit, uns damit zu identifizieren und dagegen einzusetzen.

Das betrifft auch das solidarische Eintreten für das Bleiberecht von abgewiesenen Asylsuchenden. Eine Studie der Politikwissenschafterin Siglinde Rosenberger von der Universität Wien ergab, dass soziale Kontakte Proteste und Kampagnen gegen Abschiebungen fördern.[33] Die Forschung zeigte, dass solche Initiativen vielfach von Menschen in kleineren Gemeinden getragen werden, die davor kaum politisch organisiert oder engagiert waren. Die Schicksale und menschlichen Dramen der langjährigen Mitbewohner*innen bewegen sie dazu, sich gegen die zwangsweise Außerlandesbringung öffentlich wirksam einsetzen. Zahlreiche kleine lokale Proteste konnten so Abschiebungen nach einem negativen Asylbescheid verhindern.

Die Essenz liegt in der sozialen Nähe, im vertrauten Einzelfall. Es ist der befreundete Mitschüler des Sohnes, der die solidarische Mobilisierung auslöst. Durch persönliche Beziehungen entsteht Mitgefühl, ein Ungerechtigkeitsempfinden und das Bedürfnis, die Situation der anderen zu verbessern. Damit diese Beziehungen entstehen können, ist es grundlegend notwendig, dass überhaupt Möglichkeiten zum Kennenlernen geschaffen werden. Hierzu gehören der Zugang zu öffentlichen Bildungseinrichtungen, die Teilhabe am Arbeitsmarkt oder Freizeiteinrichtungen für Asylsuchende. Diese Möglichkeiten werden heute jedoch von politischer Seite mehr verhindert als gefördert. Kinder, die noch nicht lange in Österreich sind und Deutsch nicht gut beherrschen, sollen aus dem Klassenverband genommen werden, weit weg von den Kindern, von und mit denen sie Deutsch lernen können. Großunterkünfte für Geflüchtete sollen an den Stadtrand verlegt werden, weit weg von der ansässigen Wohnbevölkerung. Wenn Kontakte zu Einheimischen erst gar nicht entstehen können, dann fällt auch ein wesentlicher Faktor für die Entwicklung von solidarischem Handeln und erfolgreichen Protesten gegen negative asylpolitische Entscheidungen weg. Die Möglichkeit für Einzelne, nicht nur Empathie, sondern auch eine verpflichtende Verantwortung bei lokal Ansässigen auszulösen, wird dadurch minimiert. Ganz unabhängig davon, welche persönliche Meinung man in der Thematik rund um Geflüchtete hat: Ist die Tatsache, dass jene mit lokalen Kontakten bessere Aufenthaltschancen haben, nicht unfair?

Aufnahmekriterium Vulnerabilität oder Heldentum

Nicht nur soziale Kontakte, sondern auch das Bild des hilflosen Opfers spielt eine große Rolle beim Entstehen der Meinung, dass jemand es wert ist zu bleiben. Vulnerabilität gilt als Zeichen dafür, sich den Aufenthalt zu verdienen. Überspitzt gesagt: Wenn man Österreicher*innen kennt, die sich für einen einsetzen und man vielleicht auch noch Kinder hat, die auf Fotos für einen Facebook-Aufruf traurig schauen, dann ist das von Vorteil. Denn es scheint, als müsse ein emotionaler Impuls frei werden, damit wir uns für die Einhaltung von Menschenrechten einsetzen, und dieser entsteht besonders bei Personen, die die Opferrolle gut repräsentieren. Dabei stellt sich die Frage: Haben Mütter und Kinder damit von vornherein bessere Chancen? Ist dies für alleinstehende Männer dann prinzipiell von Nachteil?

Es erscheint als Akt der Selbstgerechtigkeit, sich für jene einzusetzen, die ihre Situation besonders anrührend beschreiben, die klassischen Bilder von Tragik, Opfersein und Verlust gut darstellen, insbesondere mithilfe lokaler Kontakte. Ist das nicht unfair? Wenn man keine Kontakte hat zu Menschen, die ein Foto machen und als Aufruf auf digitale Plattformen stellen oder die eigene Geschichte über die traurige Fluchterfahrung auf Deutsch schreiben, hat man dann weniger Chancen auf solidarischen Einsatz von den lokal Ansässigen für den Aufenthalt? Manche Menschen ziehen sich nach traumatischen Kriegserfahrungen in sich zurück. Andere sind generell introvertiert, es entspricht ihrem Naturell nicht, sich zu zeigen. Wieder andere wollen keine Bilder von ihren Kindern veröffentlichen und die Privatsphäre bewahren. Haben diese Menschen dann weniger Aussichten auf Schutz? Und was ist mit jenen Menschen, die sich weigern, das Bild des hilflosen Opfers zu übernehmen? Die sich nicht als passive Betroffene sehen, sondern als Akteure, die ihre Flucht vor dem Krieg selbst in die Hand genommen und ein Recht auf Asyl haben? Wird Verletzlichkeit zur Voraussetzung, dass man Schutz verdient, dann müssen Menschen Opfer sein, um legitimes Anrecht auf Asyl zu haben. Dann ist auch die Frage naheliegend, die wir im Zuge der Debatte rund um Geflüchtete sehr oft gehört haben: Warum kommen so viele Männer? Wo doch Frauen und Kinder vulnerabler sind und deshalb mehr Schutz verdienen – so die scheinbare Logik?

Vulnerabilität in Verbindung mit lokalen Kontakten ist ein Faktor, der die Chancen auf einen legalen Aufenthalt positiv beeinflussen kann. Ein weiterer, am anderen Ende der Skala angesiedelt, ist Heldentum. Im Mai 2018 sah der 22-jährige Mamoudou Gassama in Paris, wie ein Kind von der Balkonbrüstung eines Wohnhauses im vierten Stock herunterhing und zu fallen drohte. Ohne zu zögern sprang der junge Mann aus Mali los, kletterte mit bloßen Händen bis hinauf zu dem vierjährigen Buben und brachte ihn in Sicherheit. Die filmreife Rettungsaktion des nach Frankreich geflüchteten Einwanderers, der seitdem den Spitznamen „Spiderman“ trägt, verbreitete sich wie ein Lauffeuer im Netz. Für die lebensgefährliche Aktion wurde Mamoudou als Held gefeiert. Das hat den französischen Präsidenten dazu bewogen, ihn persönlich zu empfangen und ihm die Staatsbürgerschaft sowie einen Ausbildungsplatz bei der Feuerwehr zuzusagen. Zusätzlich erhielt der junge Mann eine Urkunde von der Pariser Polizei für seinen Mut und Einsatz. Gassama lebte bis zu jenem Zeitpunkt in einem abgelegenen Flüchtlingsheim. Dank der selbstlosen Aktion muss er sich keine Sorgen mehr um seinen Aufenthaltsstatus machen. Ein modernes Märchen. Wäre er zu dem Zeitpunkt nicht vor Ort gewesen, hätte er nicht ausreichend Muskelkraft oder Mut gehabt, würde er heute weiterhin in rechtlicher Unsicherheit leben.

Mamoudou Gassama ist nicht der erste beherzte Lebensretter aus Mali, der in Paris gefeiert wurde. Im Jänner 2015 hieß der Held Lassana Bathily. Jener muslimische Geflüchtete arbeitete in einem jüdischen Supermarkt am Stadtrand von Paris. Als ein Geiselnehmer in das koschere Geschäft stürzte, flüchteten einige Kund*innen in den hinteren Bereich des Geschäfts. Dort trafen sie Bathily, der ihnen geistesgegenwärtig riet, sich im Untergeschoss in einem abgeschalteten Kühlraum zu verstecken. Während die Kund*innen auf Rettung warteten, entkam der 24-jährige über die Feuerleiter ins Freie und verständigte die Polizei. Bei der Erstürmung des Supermarkts wurde der Geiselnehmer, der vier Menschen im Geschäftsbereich getötet hatte, von der Polizei erschossen. Die Kund*innen im Kühlraum konnten lebendig geborgen werden. Der Fall war mitunter deshalb so brisant, da der junge Afrikaner mit seinem altruistischen Akt das erste Gebot der französischen Republik versinnbildlichte: Ègalité, die Gleichheit aller, jenseits von religiösen Zugehörigkeiten. Zum Dank verlieh ihm der damalige Innenminister Cazeneuve die französische Staatsbürgerschaft mit den Worten „Willkommen bei Ihnen, willkommen bei uns".

Müssen Geflüchtete wirklich Superhelden sein, um Aufenthalt gewährt zu bekommen? Natürlich kann man sich freuen, dass Gassama und Bathily für ihren ungewöhnlichen Mut geehrt wurden. Was jedoch bleibt, ist der starke Kontrast zwischen ihrem individuellen Schicksal und dem harten Alltag von Tausenden von Asylwerber*innen in Frankreich. Auch zeigt sich: Geflüchtete werden bei der Rettung von Franzosen gefeiert. Französische Bürger*innen, die sich für Geflüchtete in Not eintreten, werden hingegen für Solidaritätsdelikte verhaftet. Das war der Fall für Cédric Herrou. Der französische Landwirt setzt sich aus Überzeugung für Geflüchtete ein. Als der Bauer im August 2016 in seinem Transporter mehrere Eritreer*innen und Sudanes*innen mit über die italienisch-französische Grenze nahm, wurde er erwischt und zu einer Haftstrafe verurteilt. Herrou sieht sich zwar als Verfechter der französischen Werte und nicht als Straftäter. Doch Geflüchteten zu helfen kann in Frankreich teuer zu stehen kommen. Mittlerweile hat der humanitäre

Helfer die mehrfachen Anklagen auf Verfassungskonformität prüfen lassen und recht bekommen. Laut Verfassungsgericht ist es der Regierung nicht gelungen, zwischen finanziell motivierten Schlepperorganisationen und Solidarität aus humanitären Gründen zu unterscheiden.

Grundvoraussetzung „richtige Werte"

Eine Grundvoraussetzung, die im Diskurs rund um die Aufnahme von Geflüchteten verhandelt wird, ist, dass alle die „richtigen Werte" verinnerlicht haben. An diesem Thema scheiden sich die Geister. Die einen hegen den Generalverdacht, dass Geflüchtete aus einem ganz anderen Kulturkreis kommen, dass sie mit Werten aufgewachsen seien, die „unseren" komplett entgegengesetzt sind. Hier wird unterstellt, dass es bei „den Anderen" an Rücksichtnahme und dem Leitbild der Gleichberechtigung fehlt, während diese im „fortschrittlichen Europa" vorherrschen. Die anderen meinen, dass es sich dabei um rein kulturelle Zuschreibungen handelt, mit dem Ziel, politisches Kapital zu schlagen. Auch das ist kritisch zu sehen. Nur weil jemand aus einem Krieg geflohen ist, ist die Person selbstverständlich nicht automatisch sympathisch und fortschrittlich. Warum sollte es auch so sein? Wenn in Österreich hunderttausend Menschen flüchten müssten, wären darunter zweifellos auch Menschen mit Werthaltungen, die indiskutabel sind. Und wenn wir uns dazu im Detail offizielle Statistiken ansehen, zeigt sich, dass es gar nicht so wenige sind.

Anfang 2014 – also vor der großen Fluchtbewegung nach Europa und vor dem Höhepunkt der rechtspopulistischen Stimmungsmache – zeigte eine Studie, dass 29 % der Österreicher*innen der Aussage zustimmten, „man sollte einen starken Führer haben, der sich nicht um Parlament und Wahlen kümmern muss".[34] Dieser alarmierende Befund verdeutlicht, dass derlei Haltungen kein aktueller Import sind, sondern schon länger ein nicht zu vernachlässigender Teil der Gesellschaft. Zwar wirkt Bildung den Autoritätssehnsüchten entgegen – bei Befragten mit Matura lag die Zustimmung deutlich geringer als bei jenen ohne Matura. Dennoch ist festzuhalten, dass fast jede dritte Person in Österreich zu diesem Zeitpunkt antidemokratische Ansichten hatte. Das Bild in der öffentlichen Debatte, dass Österreich, plakativ ausgedrückt, bisher frei von diesen Haltungen war und erst die neu hinzugekommenen Menschen diese antidemokratischen Sichtweisen ausgelöst hätten, ist de facto falsch. Zudem ist die Behauptung, dass „bei uns" die Werte der Aufklärung regieren, in grobem Übermaß selbstgerecht, denkt man etwa an Anschläge auf Flüchtlingsheime, Morde an den Grenzen Europas oder die alltägliche Gewalt gegen Frauen.

Wenn es also tatsächlich im politischen Interesse liegt, die Werte der Vernunft und des kritischen Diskurses in der gesellschaftlichen Praxis zu verankern, dann wäre es sinnvoller, jene Anforderungen, die man öffentlich an Geflüchtete stellt, insgesamt und gesamtgesellschaftlich zu verhandeln. Das könnte mit einer breiten Debatte über die Grundlagen westlicher Demokratien beginnen, mit simplen Fragen wie: Was ist eigentlich eine Leitkultur? Wer bestimmt das? Was sind „unsere Werte"? Wer sind „wir"? Dann würde man erkennen, dass Werte allgemein gesprochen Leitvorstellungen sind, nach denen Individuen und Gruppen ihr Handeln ausrichten. Werte können einander widersprechen und in Konflikt miteinander geraten. Werte können sich wandeln und müssen ständig überprüft und neu verhandelt werden. Gebildet werden Werte auf verschiedene Weisen: Autoritäten können sie vorschreiben – das scheint aktuell das Modell der Flüchtlingspolitik zu sein. Sie können das Resultat gesellschaftlicher Konventionen sein, wie etwa im Bereich Mülltrennung oder Nachtruhe. Werte können auch durch demokratisch geführte Diskurse geformt werden. Auf diese Art sind auf globaler Ebene die Menschenrechte und auf nationaler Ebene die Verfassungswerte entstanden.

Ob die Vorschreibung verpflichtender Schulungen durch staatliche Autoritäten gelingt, ist fraglich. Gesamtgesellschaftlich gesehen wäre es sinnvoll, wenn die Wertevermittlung in dialogischer Form passiert und eine Grundsatzdiskussion darüber geführt wird, welche Prinzipien man als Gesellschaft vertreten will. Zudem kann Wertevermittlung nur gelingen, wenn auch Politiker*innen bereit sind, diese Werte in ihrem Handeln selbst zu repräsentieren. Auf die Einhaltung von bestimmten Werten wie etwa die Gleichstellung von Mann und Frau zu verweisen, aber Frauenprojekten die budgetäre Grundlage zu entziehen und überwiegend Männer aus den eigenen Reihen in diversen Machtpositionen zu positionieren, ist scheinheilig und missverständlich.

Was in dieser Diskussion deutlich wird: „Die Flüchtlinge" gibt es genauso wenig wie „unsere Werte". Eine 17-jährige, links denkende Schülerin in der Großstadt wird wahrscheinlich anders über Homosexualität denken als ein 67-jähriger, konservativer Pensionist am Land. Ein Industriearbeiter wird vermutlich einen anderen Zugang zum Thema Solidarität im Betrieb haben als sein Chef im Büro. Jene, die heute Geflüchtete unterstützen, denken anders über Gerechtigkeit als jene, die romantische Vorstellungen eines Bürgerkriegs pflegen. Oder kurzum: So etwas wie gemeinsame „nationale Werte" gibt es nicht. Es gibt jedoch demokratische Grundprinzipien, an die sich alle Bürger*innen gleichermaßen halten sollen. Sich einen starken Führer herbeizusehnen, zählt nicht dazu. Daher wäre es überlegenswert, die vieldiskutierten Werte- und Orientierungskurse auch für ansässige Staatsbürger*innen zu organisieren. Denn eine Auffrischung zu den Prinzipien des Zusammenlebens wie Demokratie, Meinungsfreiheit, Gewaltfreiheit und Rechtsstaatlichkeit ist nicht nur bei „den Anderen" von Nöten, sondern wäre auch „für uns" von Vorteil.

DAS FREMDE UND DIE OFFENE GESELLSCHAFT

Es gibt eine Szene in der ORF-Sendung „Alltagsgeschichten", die im Internet für Amusement sorgt. Eine Frau aus dem ehemaligen Jugoslawien wird am Brunnenmarkt in Wien interviewt. In einer Mischung aus Akzent und Dialekt beschreibt sie, dass früher alles besser gewesen sei. Sie sei damals aus Serbien nach Österreich gekommen, da man sie gebraucht habe, aber jene Migrant*innen, die heute kämen, brauche niemand. Im Gegenteil: Sie nähmen den jungen Menschen die Arbeit weg und verdreckten den öffentlichen Raum. Sie selbst sei schon lange hier, sie kenne sich aus und sage die Wahrheit. Früher sei es viel besser gewesen, mittlerweile könne man hier nicht mehr leben, weil alles schmutzig sei und jeder mache, was er wolle.

Was auf den ersten Blick skurril wirkt oder ironischerweise als Beispiel für „gute" Assimilation an die österreichische „Leitkultur" gesehen werden kann, ist soziologisch betrachtet ein abgrenzender Akt der Identitätsstiftung. Die Frau übernimmt den im öffentlichen Diskurs vorherrschenden und rechtspopulistisch geprägten abwertenden Blick auf die Gruppe der Migrant*innen, um nicht mit diesen assoziiert zu werden. So gibt es auch Einwanderer*innen, die rechtspopulistische Parteien wählen und sich damit gegen jene Migrant*innen positionieren, die sich scheinbar nicht integrieren wollen. Mit dieser Handlung vermitteln sie anderen und sich selbst: Ich gehöre nicht zu denen, ich zähle zu den Integrierten.

Oder sogar: Ich zähle zu den Österreicher*innen. Es ist der Versuch, das Risiko des sozialen Abstiegs durch die Spaltung der eigenen Gruppe und die Abwertung anderer einzudämmen. Das verweist darauf, dass die Ungleichwertigkeit, die der Gruppe gesellschaftlich zugeschrieben wird, verinnerlicht worden ist.

Die Soziologen Norbert Elias und John Lloyd Scotson zeigten bereits 1965 in ihrem Buch *Etablierte und Außenseiter*, dass sich soziale Ungleichheiten nicht nur entlang von Schichtspezifika oder ethnischen Unterschieden bildeten, sondern besonders auch nach der Dauer, die Menschen in einer Gemeinde wohnten.[35] Kern ihrer Studie war die Beobachtung, dass sich die Etablierten, also die „Alteingesessenen", von den neu zugezogenen Bewohner*innen distanzierten und keine Kontakte mit den „Neuen" schließen wollten. Stattdessen kam es zu einer Stigmatisierung der zugezogenen Einwohner*innen. Die etablierten „Alteingesessenen" und die neu zugezogenen Außenseiter bilden eine „Etablierten-Außenseiter-Figuration" aus. Dabei neigt die Etabliertengruppe dazu, den Außenseitern die schlechtesten Eigenschaften ihrer „schlechtesten" Mitglieder zuzuschreiben, während sich die Etablierten umgekehrt mit den Eigenschaften der „besten" ihrer Gruppe identifizieren. Dieses Schema wird auch am Beispiel der Frau aus dem ehemaligen Jugoslawien deutlich. Während sie, die ja schon lange hier lebt, von Österreich gebraucht wurde, nehmen die neuen Migrant*innen den Menschen die Arbeit weg und verdrecken den öffentlichen Raum. Das spiegelt den Wunsch wider, sich von „den Anderen" abzugrenzen. Dieser Wunsch ist dem identitätsstiftenden Prozess zwar immanent. Für das Potenzial einer Solidarisierung ist er allerdings hemmend.

Paradoxien der Ausgrenzung

Migration wird heute primär als Problem und Gefahr wahrgenommen, weil sie im Bezugsrahmen nationalstaatlich verfasster Gesellschaften konzipiert ist. Sie wird als Abweichung von jener Norm gesehen, die besagt, dass Menschen in dem Land, in dem sie geboren sind, auch ihr Leben verbringen. Das ist ein völlig veraltetes Konzept. Migration kann per se nicht als positiv oder negativ betrachtet werden, wie es beim ideologischen Keulenschwingen geschieht. Es kommt immer auf die Umstände an, wie Wanderungen stattfinden. Es hängt vom Blickwinkel ab, „für wen" es von Vorteil oder von Nachteil ist. Und schließlich sollten wir uns bewusst machen, welche Aspekte wir betrachten. Sehen wir uns rein ökonomische Aspekte an, oder auch soziale? Viele Menschen aus Rumänien und Bulgarien arbeiten im Niedriglohnsektor in westeuropäischen Ländern. Aus rein wirtschaftlicher Perspektive ist das für die Arbeiter*innen selbst zuträglich, das Herkunftsland profitiert von den Rücksendungen, und im Zielland werden Arbeitsmarktlücken gefüllt. Betrachtet man die Situation allerdings aus sozialer Perspektive, dann sieht man, dass z.B. über 350.000 Minderjährige in Rumänien ohne Eltern aufwachsen.[36] Die so genannte „Eurogeneration alleine gelassen" wird von ihren Großeltern oder entfernten Verwandten aufgezogen und ist von einem höheren Risiko betroffen, die Schule abzubrechen oder in kriminelle Milieus abzurutschen. Das ist die Kehrseite des rumänischen Wirtschaftsbooms, zu dem die hohen Geldtransfers der Arbeitsmigrant*innen entscheidend beigetragen haben. Doch die soziale Kehrseite in den Herkunftsländern ist kein Thema auf der EU-politischen Agenda, steht doch die ökonomische Perspektive in den Zielländern im Vordergrund.

Wenn wir heute von Drittstaatsangehörigen sprechen – wozu mitunter Personen aus der Türkei zählen –, erkennt man schnell eine Verschränkung von integrations- und migrationspolitischen Programmen. Migrant*innen werden als Akteur*innen gesehen, die für die Aufnahme im Land individuelle Leistungen erbringen und sich anpassen müssen. Der Aufenthalt im Staat wird direkt an Leistungsanforderungen gekoppelt. Manche Leistungen, wie z.B. Spracherwerb, müssen heute im Voraus erbracht werden. Nehmen wir an, die deutsche Sprache ist zentral für die Integration in Österreich, und Integration ist das oberste Ziel. Dann ist es wiederum nicht ersichtlich, warum nur spezifische Gruppen diese Leistung erbringen müssen. Warum müssen Französ*innen und Italiener*innen nicht Deutsch lernen? Die Europäische Kommission gegen Rassismus und Intoleranz[37] hat in dieser Hinsicht eine öffentlich akzeptierte Sprachdiskriminierung festgestellt: Wenn der Vater auf dem Spielplatz mit seinem Kind Englisch spricht, beziehungsweise das Kind auf Englisch erzogen wird, handelt es sich um ein Vorzeigebeispiel. Bei Türkisch sprechenden Familien heißt das Integrationsverweigerung.

Allgemein gilt: Der Wert derjenigen, die neu in das Land kommen, wird verhandelt über die Produktivität innerhalb des Wirtschaftssystems. Der Staat ist offen für Migrant*innen, die als besonders leistungsfähig gelten. Die Zuwanderung aus humanitären Gründen, Familiennachzug oder Heiratsmigration wird hingegen beschränkt. Die Nichterfüllung des ökonomischen Nutzenkalküls allein ist allerdings keine ausreichende Erklärung für Ausgrenzungsprozesse. Selbst wenn die wirtschaftlichen Bedingungen erfüllt sind, gibt es abwertende Zuschreibungen von rechtspopulistischer Seite. Im populistischen Diskurs werden etwa Definitionen von Integration bewusst schwammig gehalten, um eine große Bandbreite negativer Klassifikationen möglich zu machen. Wenn Migrant*innen arbeitslos sind, sind sie Sozialschmarotzer*innen. Wenn sie am Arbeitsmarkt beschäftigt sind, nehmen sie Jobs weg. Und wenn sie selbstständig sind, dann spricht man von expansivem Übernahmewillen.

Selbst bei sogenannter „Vorzeige-Integration" finden herabwürdigende Zuschreibungen statt. Der Soziologe Ferdinand Sutterlüty fand heraus, dass nicht nur „nach unten" getreten wird, sondern Abwertung auch bei sozialem Aufstieg erfolgt. Als Motive gelten Konkurrenzabwehr und Abstiegsängste.[38] Am Beispiel von zwei ehemaligen deutschen Arbeitervierteln zeigt er die vielfältigen Muster „negativer Klassifikationen" auf, mit denen Einheimische und Türkischstämmige ihre wechselseitige Geringschätzung ausdrücken. Beide Seiten sind von einem sippenhaften Denken durchdrungen. Die türkischen

Bewohner*innen stellt dies vor hohe Integrationshürden, da ihnen häufig die Berechtigung zu wirtschaftlicher Teilhabe, politischer Beteiligung und sozialer Zugehörigkeit abgesprochen wird. Die Studie zeigt auf, dass Migrant*innen, die zu den besten Aspirant*innen auf Integration zählen, bevorzugt Ziel von Stigmatisierung sind, bedrohen sie doch vermeintlich am stärksten den Status der Einheimischen.

Dieses Gefühl der Bedrohung sowie dessen Verbreitung wird noch dadurch verstärkt, dass manche politischen Eliten den einfachsten Weg zur eigenen Popularität wählen, indem sie Sündenböcke und Feindbilder installieren und Ressentiments, Neid und Hass stimulieren. Bestimmte Gruppen werden gegen andere instrumentalisiert und als Gefährdungspotenzial auf die öffentliche Tagesordnung gehoben. Das ist weniger anstrengend und weniger anspruchsvoll als das tägliche Bohren harter Bretter des seriösen politischen Handwerks. Bequemer ist es, Ängste und Unsicherheiten zu schüren, wie etwa die Sorge vor Überfremdung (Machtverlust), Verdrängung (Arbeitsmarktkonkurrenz), Sozialschmarotzertum (Sozialstaatmissbrauch) und Kriminalität (Sicherheitsverlust). Strukturelle und soziale Barrieren und Hindernisse bleiben im öffentlichen Diskurs unsichtbar. Eine wichtige Aufgabe von aufgeklärten Bürger*innen ist es jedoch, sich nicht zu Spielfiguren populistischer Rhetorik zu machen. Das beginnt bei der Verwendung von Sprache.

Diskurse über Einwanderung

Die Art und Weise, wie wir über Einwanderung sprechen, spielt eine große Rolle im Bezug darauf, wie wir Einwanderer*innen wahrnehmen. Ist es nicht interessant, dass ein Unterschied zwischen Expats und Migrant*innen gemacht wird? In beiden Fällen soll darauf verwiesen werden, dass es sich um Zugezogene aus dem Ausland handelt. Jedoch wird differenziert zwischen jenen, die hochgebildet, weiß[39] und gewollt sind, und jenen, die diesen Labels nicht entsprechen. Hochqualifizierte Afrikaner*innen werden in Europa nicht als Expats bezeichnet. Philippinische Krankenschwestern heißen Migrantinnen oder saisonale Arbeiterinnen, aber nicht Expats. Diese Unterscheidung ist kein Zufall, sondern Ausdruck eines Privilegs. Es ist eine hierarchische Differenzziehung mit dem Ziel, Expats aufzuwerten. Die Diversität der Bezeichnungen verweist auf die soziale Klasse, nationale und ethnische Herkunft. Expats haben keinen Pass im Gastland und bemühen sich nicht um soziale Integration, doch das macht nichts, da sie Top-Fachkräfte sind, die freiwillig – und nicht aus wirtschaftlicher Notwendigkeit – gekommen sind. Oder in anderen Worten: „Expats sind Immigranten erster Klasse".[40] Ein interessantes Experiment wäre es, alle Migrant*innen „aufzuwerten" und als Expats zu bezeichnen. Oder aber in afrikanischen Ländern europäische Expats einfach Migrant*innen zu nennen.

Dass wir heute über „Migrant*innen" sprechen, ist ebenfalls relativ neu. Grob gesprochen ändern sich alle zehn Jahre die Bezeichnungen für Einwanderer*innen. Waren es in den 1970er- und 1980er-Jahren die Gastarbeiter*innen, in den 1990er-Jahren noch die Ausländer*innen, nannte man sie zehn Jahre später Migrant*innen und ein weiteres Jahrzehnt darauf Menschen mit Migrationshintergrund. Der offizielle Grund: Die Begriffe seien nicht mehr politisch korrekt. Politisch korrekt oder nicht sind allerdings nicht die Bezeichnungen selbst, sondern der Diskurs, in den diese eingebettet sind. Der Begriff „Ausländer*in" ist per se nicht abwertend, sondern das, was man damit verbindet, die Art und Weise, wie der Diskurs geführt wurde. Ob der Terminus Migrationshintergrund sinnvoller ist, bleibt zu bezweifeln. Die Bezeichnung kann als symbolische Markierung der sogenannten Mehrheitsgesellschaft gesehen werden. Denn wann hört der Migrationshintergrund auf? Selbst in der dritten Generation können sich Menschen nicht als vollständige Staatsangehörige wahrnehmen, obwohl sie selbst keinen persönlichen Bezug zu dem Herkunftsland ihrer Großeltern haben, aus dem diese emigriert sind.

Es wäre also insgesamt lohnend, die Diffusität aus den jeweiligen Bezeichnungen herauszunehmen und konkret zu werden. Geht es zum Beispiel um das Thema Überfremdung, so könnte man konkret nachfragen: Ab wann ist eine Gesellschaft überfremdet, woran sollte man das festmachen, auf welchen Ideen darüber, wie eine Gesellschaft auszusehen hat, soll diese Bewertung basieren? Überfremdung ist kein Indikator, es ist ein populistisches Scheinargument, ein diffuses Gefühl, das politisch instrumentalisiert wird. Es basiert auf der Angst vor dem Verlust der nationalen Identität und den damit verbundenen Privilegien.

Oder nehmen wir die Bezeichnung „Obergrenze". Sie suggeriert, dass Nationen Gefäße mit Markierungen wie bei einem Messbecher sind, mit einem Teilstrich, der mit „MigraMax" beschriftet ist. Natürlich ist die Aufnahmekapazität nirgendwo unendlich, aber wo wird die Grenze der machbaren Anstrengungen verortet? Denn um Kopfzahlen kann es kaum gehen. Die meisten Geflüchteten gibt es derzeit in der Türkei und Jordanien (je mehr als 2,5 Mio.) und im Libanon und Pakistan (je mehr als 1 Mio.). Man könnte es auch anders herum angehen und eine Untergrenze definieren: Was ist das Minimum, das wir beitragen können? Wie viele Schutzsuchende nehmen wir auf? Gedanklich wäre man da bei einer ganz anderen Denkweise. Von „Bitte nicht mehr als nötig" hin zu „Das ist das Mindeste, das wir tun sollten".

Besonders starken Einfluss auf unsere Wahrnehmung haben Metaphoriken von Naturkatastrophen, wie Flüchtlingsflut, Flüchtlingswelle, Flüchtlingsstrom, bis hin zu Lawine und Ansturm. Sie verweisen unbewusst auf etwas Großes, Bedrohliches und nicht Steuerbares. Die Vorstellung von Naturkatastrophen erzeugt Angst und ein Gefühl des Kontrollverlusts – unabhängig davon, in welche Art der Berichterstattung diese Bezeichnungen eingebunden sind. Die Flut stellt eine Bedrohung dar, und die vermeintliche Lösung liegt darin, Dämme zu bauen, um die menschlichen Wassermassen zurückzuhalten. Derartige Bilder müssen wir nicht bewusst benennen können.

Vielmehr werden diese Botschaften subtil transportiert. Sie haben aber starke Auswirkungen auf unser politisches Meinungsbild und unser Verhalten.

Selbst den Begriff „Flüchtlingskrise“ gilt es kritisch zu betrachten. Die starke kognitive Verankerung von „Flüchtling“ und „Krise“ verweist darauf, dass das Fliehen der betroffenen Menschen zur Krise geführt habe. Man könnte allerdings auch von einer „humanitären Krise“ sprechen, die durch die unorganisierte Einreise auf irregulären Routen hervorgerufen wurde. Wir wissen, dass es sichere und legale Wege nach Europa gäbe und das Organisieren von Massenreisen kein Problem darstellen würde. Wir haben allerdings ein politisches System eingeführt, in dem dies nicht ermöglicht wird. Das fördert indirekt Schlepper. Das Absurde daran: Eine Fähre von der Türkei nach Griechenland kostet 15 Euro. Neben der Bezeichnung „humanitäre Krise“ wäre es auch eine Möglichkeit, sie als „Krise der europäischen Kooperation“ zu bezeichnen, da Europa historisch betrachtet bereits mehrere Fluchtbewegungen ähnlicher Größenordnung ganz ohne Krise gemeistert hat. Doch selbst die Verwendung des Begriffs „Krise“ an sich führt zu weiteren kritischen Implikationen. Die Bezeichnung wirkt wie ein Scheinwerfer, der auf ein akutes Desaster gerichtet ist, ein Fokus, der den Kontext eines größeren Ursache-Wirkungssystems ausblendet. Krisen brauchen akutes Krisenmanagement. Die aktuelle Situation braucht allerdings ein langfristiges Umdenken.

Insgesamt macht es auch einen Unterschied, ob man von „Flüchtlingen“ oder „Geflüchteten“ spricht. Die Bezeichnung „Geflüchtete“ hat den Vorzug, dass auf eine bereits abgeschlossene Erfahrung verwiesen wird. „Flüchtling“ ist man hingegen auf Dauer. Damit wird die sprachliche Differenzierung auch zum politischen Deutungsakt. „Vor allem mögen wir es nicht, wenn man uns ‚Flüchtlinge‘ nennt“, schreibt die Philosophin Hannah Arendt im Sommer 1943 in New York, knapp den Nationalsozialisten entronnen, in einem Essay mit dem Titel „Wir Flüchtlinge“ in der jüdischen Zeitschrift *Menorah Journal*.[41]

„Wir selbst bezeichnen uns als ‚Neuankömmlinge' oder als ‚Einwanderer'", verzeichnet sie weiter, da jene Begriffe auf eine aktive Handlungsmacht verweisen, Flüchtlinge hingegen als passive Opfer ohne Wahl betrachtet werden.

Auch von „Wirtschaftsflüchtlingen" hört man im öffentlichen Diskurs häufig. Sie sind nicht besonders beliebt. Aber was wird unter diesem Begriff eigentlich genau verstanden? Im Asylrecht kommt diese Kategorie nicht vor, sie ist überwiegend eine subjektive, moralisierende Zuschreibung in der politischen Debatte, die impliziert, dass jemand keinen „echten" Asylgrund geltend machen kann und deshalb kein Recht hat zu bleiben. Neben der tendenziösen Verwendung des Begriffs, die von einem spezifischen Interesse geleitet ist, stellt sich die Frage, wie es überhaupt zu einer Einordnung als „Wirtschaftsflüchtling" kommen kann. Denn Asylanträge allein aufgrund der Nationalität des Flüchtlings abzulehnen, ist rechtlich nicht durchführbar. Zudem sind die Trennlinien der Ursachen für Flucht nicht immer deutlich: Krieg, Gefahr und Elend verstärken einander. Denn wenn ein Land von Krieg betroffen ist oder Menschen wegen ihrer religiösen oder ethnischen Zugehörigkeit verfolgt werden, gehen damit auch wirtschaftliche Notlagen und Armut einher. Dann kommen Geflüchtete ohne Frage auch aus wirtschaftlichen Gründen nach Europa.

Die „defizitären" Anderen und die Moderne

Fremdenfeindlichkeit als Ideologie und konkrete Manifestation in Form von Gewalt, Erniedrigung und Diskriminierung gewinnt in Europa an Bedeutung. Strategien zur Herstellung von Ungleichheit für scheinbar Fremde gab es jedoch immer schon. Ein theoretischer Ort, an dem über die Geschichte hinweg unterschiedliche Formen von Fremdenfeindlichkeit eingeordnet werden können, ist die Beziehung zur Moderne. Die Moderne bezeichnet den Übergang von einer „alten" zu einer „neuen"

Welt, bedingt durch die industrielle Revolution, Aufklärung und Säkularisierung. Während in der „alten" Welt Werte wie Religion, Gemeinschaft, Ordnung und Stabilität vorherrschten, ist die „neue" Welt geprägt durch die Trennung zwischen Religion und Staat, die Auflösung gemeinschaftlicher Bindungen, wachsende Forderungen nach Gleichheit und die Verlagerung der Verantwortung auf die Individuen.

Historisch betrachtet haben in Europa zwei Formen von Fremdenfeindlichkeit in Verbindung zur Moderne dominiert. Einerseits das Entwerten von Bevölkerungsgruppen für die Erweiterung kolonialer Gebiete. Aus einer zweckorientierten Haltung heraus werden Fremde als nicht fähig genug angesehen, eigenständige Zivilisationen aufzubauen. Ganze Kulturen und deren Geschichte werden abqualifiziert, um Zugang zu Rohstoffen zu bekommen und Leibeigenschaft und Imperialismus zu rechtfertigen. Andererseits das negative Bewerten von Gruppen, die mit der Moderne und der damit einhergehenden Gefährdung von Tradition assoziiert werden. Das richtet sich etwa gegen Juden, die mit politischer Macht, Geld und kosmopolitischen Internationalismus verbunden werden, aber auch gegen asiatische Gruppierungen, die als besonders ökonomisch aktiv gelten („Gelbe Gefahr").

Aktuell sehen wir zwei weitere Formen von Fremdenfeindlichkeit stärker hervortreten. So zeigen sich antimoderne fremdenfeindliche Entwicklungen, die sich nicht gegen Gruppen wenden, die Modernität verkörpern, sondern gegen jene, deren Identität sich ohne Bezug zur Moderne gestaltet. Die Sichtbarkeit anderer Traditionen und Religionen – etwa über Symbole wie das Kopftuch – befördert Spannungen und vage Ängste vor Identitätsverlust. Schließlich sehen wir Rassismus als Angst, ausgeschlossen und ins gesellschaftliche Abseits gedrängt zu werden, insbesondere in Verbindung mit wirtschaftlichen Krisen und Arbeitsmarktunsicherheiten. Dieses Phänomen zeigt sich etwa in der „poor white"-Attitüde, der vielfach zitierten Angst des weißen Mannes. Menschen haben dabei paradoxerweise ein Bedürfnis, an der Moderne teilzuhaben, lehnen aber gleichzeitig deren Wirkungsweise ab.

Mit dieser Betrachtung lässt sich der Verlauf von Fremdenfeindlichkeit in der europäischen Geschichte besser lesen – auch mit Kombinationen aus den verschiedenen Positionen. Interessant ist auch, dass die moderne Auffassung von ethnischen Gruppen ursprünglich keine nationale oder ethnische, sondern eine klassenspezifische bzw. kastenspezifische Bedeutung hatte. Das zeigt sich in der Repräsentation des Erbadels als übergeordnete Klasse der europäischen Aristokratie („Blaues Blut"). Oder aber in der Repräsentation der als Sklav*innen gehaltenen Bevölkerungsgruppen, die als unfähig galten, eigenständige Zivilisationen aufzubauen, und damit als prädestiniert für Leibeigenschaft gesehen wurden. Der Diskurs wurde erst retrospektiv ethnisiert. Damit entpuppen sich etliche heute als ethnisch betrachtete Unterschiede oder Konflikte als ursprüngliche Klassen-, Schicht- oder Machtdifferenzierungen.

Schon die Antike fasste alles, was nicht zur griechischen Kultur gehörte, unter dem Begriff „Barbar" zusammen. Diese Auffassung enthält ein sehr bezeichnendes Paradoxon. Barbarisch bedeutet heute, mit dem Holzhammer zu argumentieren, gewaltsame Reduktion der Realität auf das bornierte „Wir" oder „die Anderen", gut oder schlecht, Applaus oder raus – also die pauschale Abwertung aller, die nicht zum „Wir" gehören. Nur: Wer diejenigen ablehnt, die ihm als „barbarisch" erscheinen, der nimmt selbst ihr auffallendstes Merkmal an. Denn ein Barbar ist vor allem derjenige, der an Barbarei glaubt.

KAPITEL 4: ARMUT UND VERMÖGEN

„Die Individuen werden in einer Weise sich selbst überlassen, dass sie frei sind, eben das zu tun, was ihnen auferlegt wurde."

Susanne Krasmann

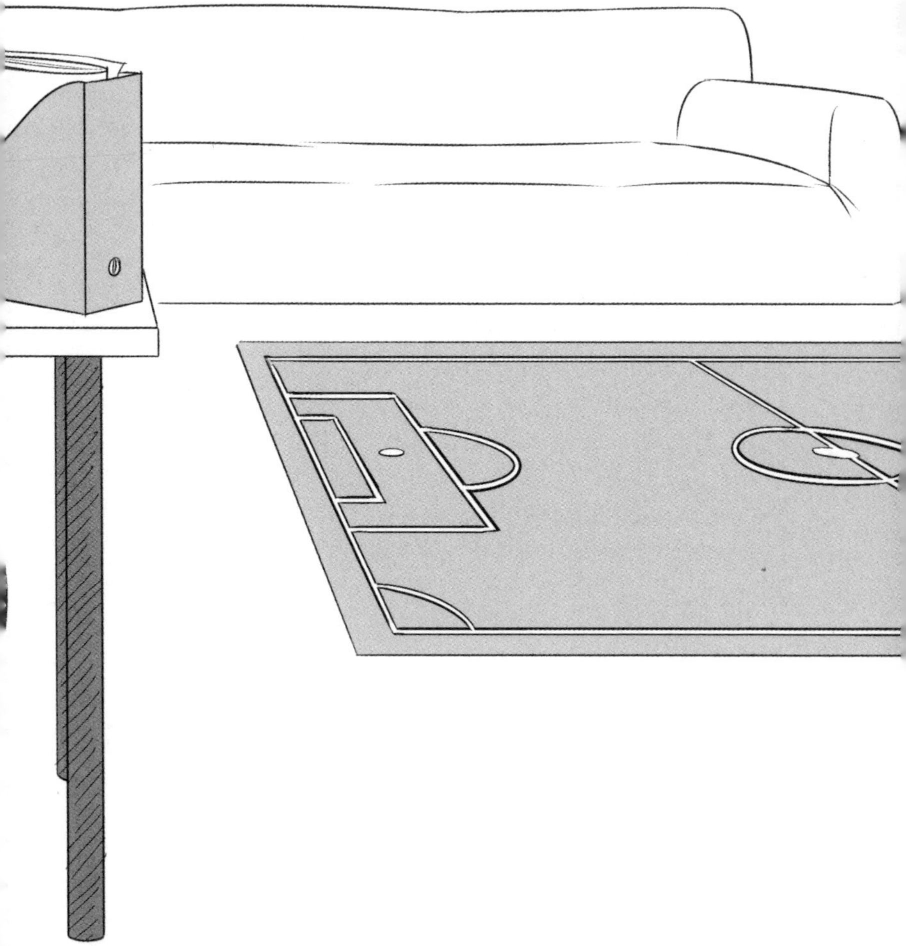

KAPITEL 4: ARMUT UND VERMÖGEN

Mit einem Vollzeitjob war man lange Zeit vor Armut sicher und konnte mitunter ein bescheidenes Vermögen aufzubauen. Heute ist der Arbeitsmarkt vielfältiger, offener, mehrfach dereguliert und bietet nicht mehr die frühere soziale Absicherung. Die Zunahme an prekären Arbeitsverhältnissen, wie Teilzeitarbeit, working poor, befristete Verträge oder Leiharbeit führt dazu, dass immer mehr Menschen als armutsgefährdet gelten, die einst politisch stabilisierenden Mittelschichten schrumpfen und Altersarmut in der Pension langfristig steigt. Von Vermögensbildung mit einem Durchschnittslohn kann schon lange keine Rede mehr sein.

Nicht nur Veränderungen am Arbeitsmarkt, sondern auch im Wohlfahrtsstaat und in den Familien haben Einfluss darauf, wie sich Armut und Vermögen gestalten. Die Kürzungen von Sozialleistungen spielen eine tragende Rolle bei der Entstehung von Armut, wie auch bei der Verwaltung des eigenen Vermögens. In Österreich muss dieses nämlich verwertet werden, bevor Mindestsicherung in Anspruch genommen werden kann. Durch den Bedeutungsgewinn von Familienformen, die verglichen mit der „Normalfamilie" weniger materielle Sicherheit bieten, wie Alleinerziehende oder Patchworkfamilien, bietet auch die einst so stabilisierende Institution nur mehr ein brüchiges Auffangnetz. Die soziale Herkunft kann man zwar selbst nicht beeinflussen, spielt aber eine umso größere Rolle, denn Armut und Vermögen werden innerhalb der Familie weitervererbt.

Heute hat sich die Wahrnehmung von Armut deutlich verändert, sie wird gleichgesetzt mit Arbeitslosigkeit und Leistungsunwilligkeit. Während die Ökonomie zwischen unfreiwilliger und freiwilliger Arbeitslosigkeit unterscheidet, gibt es im öffentlichen Diskurs nur mehr zweitere. Warum das so ist und welche Funktion und Konsequenzen das hat, wird im ersten Kapitel thematisiert.

Auch der Wohlstand ist erodiert. Konnte die frühere Mittelschicht-Generation noch mit einem Gehalt drei Kinder großziehen, deren Zahnspangen, Musikschulen und Studium finanzieren sowie den Hauskredit noch vor der Pension abbezahlen, so ist das heute finanziell undenkbar. Die Maxime zur Vermögensgenerierung heißt deshalb: Handle unternehmerisch! Gründe eine Ich-AG oder ein Start-up und werde erfolgreich. Aber ist Selbstständigkeit wirklich die Freiheit, die sie suggeriert zu sein? Und woher kommt dieses Ethos der individuellen Initiative und Verantwortung? Wer ist das erfolgreiche „Wir" und wer „die Anderen"? Mit diesen Fragen befasst sich das zweite Kapitel.

ARBEITSLOSIGKEIT ALS INDIVIDUELLES VERSAGEN

Auf Leistung folgt Gerechtigkeit – so lautet das umstrittene Versprechen der klassischen Kapitalismusideologie. Man muss sich anstrengen, um etwas zu erreichen. Das meritokratische Prinzip möchte uns glaubhaft machen, dass jedes Mitglied der Gesellschaft seine „verdiente" wirtschaftliche Position annimmt. Dementsprechend wird der öffentliche Diskurs rund um das Thema Arbeitslosigkeit immer stärker zu einer moralischen Wertigkeitsprüfung.

Gemäß dem vorherrschenden Bild handelt es sich bei Arbeitslosen nicht um Menschen, die im Wettbewerb um Jobs nicht erfolgreich sind, sondern vielmehr um Personen, die sich diesem Wettbewerb erst gar nicht stellen. Sie werden zu „leistungsunwilligen Arbeitsverweigerer*innen", die sich auf der „sozialen Hängematte" ausruhen. Folgt man dem gegenwärtigen Narrativ, so hat es den Anschein, als sei die überwiegende Mehrheit an Arbeitslosen nicht daran interessiert, einen Job zu finden. Im Gegenteil: Sie machen sich auf Kosten der Gesellschaft ein bequemes Leben und drücken sich vor dem Arbeitsmarkt. Auf der emotionalen Ebene lässt sich mit derartigen Bildern relativ einfach moralische Empörung über mutmaßlich Schuldige hervorrufen. Arbeitslose werden damit zum Objekt kollektiver Abwertung.

Diese Sündenbocksicht wird allerdings nicht von allen Menschen in gleichem Ausmaß geteilt. Der Soziologe Wilhelm Heitmeyer stellte in einer Langzeitstudie über „gruppenbezogene Menschenfeindlichkeit" fest, dass die Ressentiments gegenüber Langzeitarbeitslosen mit sinkender Soziallage kontinuierlich zunehmen. Das ist auf den ersten Blick überraschend, da das Risiko für Arbeitslosigkeit mit abnehmender Schulbildung und beruflicher Qualifikation steigt. Eigentlich müsste es also Verständnis für die prekäre Lage der Anderen geben sowie ein Bewusstsein dafür, dass man nicht immer selbst für sein Arbeitsmarktschicksal verantwortlich ist. Stattdessen scheint das Bedürfnis zu wachsen, sich von Personen am äußersten Rand abzugrenzen, indem man ihnen eine negative Arbeitshaltung zuschreibt, die man von sich selbst zurückweisen kann. Viele Arbeitslose stellen also keine Identifikation mit ihrem eigenen Schicksal und Mitbetroffenen her. Vielmehr differenzieren sie zwischen sich und anderen Beschäftigungslosen dadurch, dass sie die eigene Arbeitslosigkeit als fremdverschuldet wahrnehmen, bei anderen jedoch von Eigenverschulden sprechen. Indem eine gemeinsame Identifikation erst gar nicht stattfindet, können sie ihre soziale Identität bewahren. Damit wird allerdings auch eine Gruppenbildung verhindert, womit die Chancen auf gemeinsame Interessensverbände und soziopolitischen Einfluss von Arbeitslosen sinken.

Bestrafen statt Unterstützen

Der selbstgerechte Blick auf sozial Schwache, die vermeintlich nur wenig zum wirtschaftlichen Erfolg der Gesellschaft beitragen, hat weitreichende Konsequenzen für den gesellschaftlichen Zusammenhalt. Denn er fördert eine Ideologie der Ungleichwertigkeit, die dazu führen kann, dass wenig privilegierten Bevölkerungsteilen bestimmte Rechte aberkannt werden. Diejenigen, die nicht durch Lohnarbeit zur Produktivität der Gesellschaft beitragen, werden in einer auf sichtbare Leistung und Konkurrenz ausgerichteten Gesellschaft als Störfaktor verstanden. Diese scharf gezogene moralische Grenzlinie setzt Prozesse der Entsolidarisierung in Gang. Wirtschaftliche Kalküle treten dann an die Stelle von Solidarität, Würde und Empathie. Wenn Bevölkerungsgruppen erst einmal als gesellschaftlich nicht wertvoll betrachtet werden, ist es um einiges leichter, ihre Rechte zu beschneiden. Gelten Arbeitslose als faul, ohne Leistungsethik und vorsätzliche Schmarotzer, dann ist es einfacher, die Zumutbarkeitsregeln für sie zu senken.

Ein derartiges politisches „Maßnahmenpaket" hat Anfang des Jahres 2018 das österreichische Bundesministerium für Digitalisierung und Wirtschaftsstandort vorgelegt. Darin fordert es von den Arbeitssuchenden eine größere Kompromissbereitschaft bei den Berufs- und Arbeitsbedingungen: Die Normal-Arbeitszeit soll bis auf 12 Stunden pro Tag erhöht werden und der Arbeitsweg bis zu 2 ½ Stunden täglich für die Hin- und Rückfahrt betragen können. Akzeptieren die Job-Bewerber*innen das nicht, können sie mit Entzug des Arbeitslosengeldes bestraft werden. Viel Zeit für Freizeit- und Sozialleben bleibe da zwar nicht übrig, doch laut der Bundesministerin für Digitalisierung und Wirtschaftsstandort sei das absolut kein Hinderungsgrund, denn mit Freund*innen in Kontakt bleiben finde ohnehin digital statt. Abgesehen davon, dass man keinen Haushalt mit Kindererziehung, Einkauf oder Wäsche waschen digital am Laufen halten kann, verdeutlicht diese zynische Aussage den selbstgerechten Blick und die einseitige Schuldzuweisung, die dieser Herangehensweise zugrunde liegen. Zwar soll die Richtlinie offiziell mehr Menschen dazu motivieren, sich selbst mehr zuzumuten und Eigeninitiative zu entwickeln. Tatsächlich wirkt sie jedoch wie eine Bestrafung für die zugeschriebene Leistungsunlust und Faulheit. Werden die Zumutbarkeitsregeln derart verschärft, steigt der Druck, irgendeinen Job anzunehmen, egal, wie schlecht er entlohnt ist. Der damit verbundene Ausbau von prekärer Beschäftigung und Niedriglohnjobs kommt ausschließlich Unternehmen zugute, die damit Personalkosten sparen können. Noch dazu wird das Nicht-Akzeptieren dieser Bedingungen dann als Ursache für selbstverschuldete Arbeitslosigkeit erkannt. Eine „Lose-Lose-Situation" für Betroffene – wie auch für ihr Umfeld und die gesamtgesellschaftliche Entwicklung. Dennoch wurde das neue Arbeitszeitgesetz, das die Ausdehnung der maximalen Arbeitszeit auf 12 Stunden beinhaltet, im Juli 2018 beschlossen.

Arbeitslose sind selbst schuld

Die Debatte rund um das Thema Arbeitslosigkeit zeichnet sich in erster Linie durch mangelnde Differenzierung aus. In manchen Fällen ist sie tatsächlich freiwillig und liegt an fehlendem Interesse oder der persönlichen Entscheidung für eine berufliche Auszeit, das ist unbestritten. Aber neben solchen subjektiven Motiven gibt es eine Vielzahl an weiteren möglichen Gründen, warum man gerade keinen Job hat. Das Scheitern bei der Realisierung von beruflichen Zielen ist von verschiedenen Faktoren abhängig und beeinflusst, die zum Teil miteinander verstrickt sind und sich wechselseitig verstärken, wie z.B. wirtschaftlich krisenhafte Entwicklungen, Technologisierung und Automation (etwa wenn menschliche Arbeitskraft durch Computer, Maschinen oder Roboter kostengünstiger ersetzt wird), die Auslagerung von Arbeit in sogenannte „Billiglohnländer", fehlende soziale Unterstützung, persönliche Schicksalsschläge, die soziale Herkunft (etwa wenn man in einer Familie aufgewachsen ist, in der fast ständig jemand arbeitslos ist), Diskriminierung (etwa wenn soziale Vorurteile gegenüber Älteren, Frauen, körperlich Beeinträchtigten, ausländischen Arbeitnehmer*innen, Vorbestraften oder Langzeitarbeitslosen bestehen), mangelnde Infrastruktur (etwa wenn große Unternehmen in der Region zugesperrt haben), größere Konkurrenz am Arbeitsmarkt (etwa wenn eine selbstständige Kosmetikerin in der österreichischen Grenzregion aufgrund der billigeren Dienstleistungsangebote aus Ungarn Kundinnen verliert), fehlende Chancen persönlicher Entwicklung und vieles mehr.

Selbst wenn bei manchen Menschen die Arbeitslosigkeit auf mangelnder Motivation und geringer Kompromissbereitschaft beruht, so sollte es im Interesse der Politik und Gesellschaft sein, genauer hinzusehen, wie es eigentlich dazu kommt. In manchen Grenzregionen Österreichs nehmen Unternehmer*innen Arbeitskräfte aus den Nachbarländern in der Niedriglohnbranche als fleißiger und motivierter wahr als lokale Arbeitskräfte, die als wenig engagiert und zu anspruchsvoll gelten.[42] Dieser Eindruck kann kaum überraschen. Wer würde es wohl mitreißend finden, manuelle Tätigkeiten im verarbeitenden Gewerbe auszuführen, ohne Aussicht auf Aufstiegsmöglichkeiten, und dabei trotz Vollzeitbeschäftigung an der Armutsgrenze zu leben? Für Menschen auf der anderen Seite der Grenze hingegen ist es oft die einzige Möglichkeit, ein geregeltes Einkommen zu haben. Aufgrund des unterschiedlichen Lohnniveaus ist der Verdienst zu Hause auch mehr wert. Das motiviert.

Eine weitere Ursache dafür, keiner Erwerbsarbeit nachzugehen, wird in der Höhe der Leistung der Arbeitslosenversicherung gesehen. Bekommt man viel Arbeitslosengeld, dann tendieren Menschen dazu, freiwillig ohne Beschäftigung zu bleiben, um ihre Freizeit zu maximieren – so der Vorwurf. Die Absicherung wird dann zur „sozialen Hängematte". Dieser Ansatz ist jedoch mangelhaft durchdacht, da eine hohe finanzielle Unterstützung nur für einen geringen Teil der Arbeitslosen und einen sehr begrenzten Zeitraum zutrifft.

Insgesamt zeigt sich deutlich: Arbeitslose machen in der gesellschaftlichen Öffentlichkeit immer wiederkehrende Missachtungserfahrungen. Es fehlt ihnen nicht nur an Geld und einer beruflichen Verankerung, sondern angesichts des vorherrschenden Diskurses häufig auch an Selbstachtung und Anerkennung. Sie bekommen das Gefühl vermittelt, vorsätzlich gesellschaftsschädigend zu handeln, finanziell parasitär zu sein, nicht dazuzugehören und nicht gebraucht zu werden. Besonders bei Jugendlichen kann dies drastische Folgen für ihre Entwicklung haben. Durch Inaktivität und mangelnde Anerkennung können Frustration und psychische Probleme entstehen und stetig zunehmen. Zudem fehlt die Zukunftsperspektive und das grundsätzliche Vertrauen in politische Institutionen.

Das Gefühl der Aussichtslosigkeit kann verheerende Folgen für den gesellschaftlichen Zusammenhalt haben, etwa durch das dadurch entstehende Potenzial für Extremismus. Viele arbeitslose Menschen ziehen sich mitunter aus der Gesellschaft und dem politischen Geschehen zurück. Ihr Anteil an Nichtwähler*innen ist im Vergleich zur arbeitenden Bevölkerung verhältnismäßig hoch.

Kultur der Armut

Die Ausgrenzung und abwertende Art der Darstellung von Erwerbslosen zeigt sich nicht nur im politischen Diskurs, sondern auch in medial erzeugten Bildern. Dem gängigen Vorurteil nach sind Arbeitslose übergewichtig, unhygienisch, ungepflegt, faul, ernähren sich ungesund, machen keinen Sport, schauen viel fern und haben Kinder, die sie vernachlässigen. Kurzum: Sie sind Antipoden zum Idealbild der Leistungsgesellschaft. Scripted-Reality-Formate im Privatfernsehen haben sich dieser herabwürdigenden Darbietung von Erwerbslosen besonders verschrieben. In fiktionalen TV-Sendungen wie *Familien in Geldnot, Familien im Brennpunkt* oder *Hilfe – Ich bin pleite! Letzte Rettung Pfandleiher* wird mit Laienschauspieler*innen billig und in kürzester Zeit Elend wirkungsvoll inszeniert. Für Privatsender ist das nur von Vorteil: Der Sendeplatz ist kostengünstig gefüllt und die Art der Produktionsweise weckt den Eindruck, dass echte Lebensrealitäten dokumentiert werden. Das erzeugt bei Zuseher*innen den Kitzel eines moralisch verwerflichen Voyeurismus.

Ein Beispiel: In der Episode „Unzufriedene Mutter ist mega-aggressiv" der Doku-Soap *Familien im Brennpunkt* wird eine arbeitslose, kaufsüchtige Mutter gezeigt, die ihre Kinder unzureichend versorgt und ihren Mann krankenhausreif geschlagen hat. Alle Handlungen sind frei erfunden, sowohl die Charaktere als auch deren Probleme sind von Drehbuchautor*innen ausgedacht. In der Einstiegsszene sieht man die Hartz-IV-Empfängerin im Bademantel auf dem Sofa vor dem Fernseher liegen. Sie isst Kartoffelchips. Zwei Kinder treten heran. Eines davon, Kevin, sagt: „Mama, wir haben Hunger!" „Watt is?", schnauzt die Mutter mit vollem Mund zurück. „Mein Gott, dann geh doch nach McDonald's und hol dir watt! Und jetzt geh mir aus'n Bild!" Diese plakative Inszenierung von Klischees zieht sich durch alle Reality-Formate: Arbeitslose sind faul, Bildungsbürger*innen tragen Brille, Ganoven werden von Migranten gespielt.

Der Soziologe Pierre Bourdieu spricht in diesem Zusammenhang von symbolischer Gewalt. Er beschreibt damit Erscheinungsformen von Macht und Herrschaft, die sich alltäglich vollziehen und dem „gesunden Menschenverstand" als selbstverständlich erscheinen. Ein Kennzeichen von modernen Gesellschaften ist, dass Macht- und Herrschaftsverhältnisse nicht mehr über physische Gewalt deutlich werden. Symbolische Gewalt wirkt stumm und unterschwellig, sie wird von den Betroffenen deshalb gar nicht als Gewalt erlebt. Das ist sie aber. Denn durch die abwertende Art der Darstellung verfestigt sich Armut auf einer symbolischen Ebene. Arbeitslose werden dann schnell mit dem Stereotyp „faul" assoziiert und haben mit diesem Stigma schlechtere Chancen am Arbeitsmarkt. Symbolische Gewalt liefert also einen Beitrag zur Entwicklung von Werten und Alltagspraktiken. Auch sprachlicher Austausch ist für Bourdieu immer Machtverhältnissen unterworfen. Sprache kann abwerten und anerkennen und ebnet somit den Weg für die hierarchische Stellung bestimmter Gruppen. Bereits die Tatsache, dass es den Begriff „Sozialschmarotzer" gibt, beeinflusst unsere Vorstellungen darüber, was es heißt, arbeitslos oder Transferempfänger*in zu sein.

Dieser Einfluss ist nicht zu unterschätzen. Heute werden Statusunterschiede weniger graduell wahrgenommen als vielmehr in den zwei Kategorien „die da oben" und „die da unten", „Leistungsträger*innen" und „Leistungsverweigerer*innen", „Gewinner*innen" und „Verlierer*innen", „Nützliche" und „Nutzlose". Die sozialen Grenzlinien sind kaum zu überschreiten, der Aufstieg nach oben immer schwieriger. Einseitige Zuschreibungen dienen der Stabilisierung und Aufrechterhaltung der sozialen Hierarchie und legitimieren die Diskriminierung niedriger Statusgruppen. Langzeitarbeitslose oder als Konkurrenten empfundene Migrant*innen werden über entsprechende Vorurteile und Labels auf ihre statusniedrige Position verwiesen. Gleichzeitig verhindert die Angst, auf den gesellschaftlich stigmatisierten „unteren" Status abzurutschen, solidarisches Handeln aus der Mitte der Gesellschaft. Stattdessen werden Distinktionsbedürfnisse ausgelöst. Die Abgrenzung zu den anderen dient als Vermeidungsstrategie, um nicht mit dem Status der Würdelosigkeit in Verbindung gebracht zu werden und das gesellschaftliche Gesicht bewahren zu können.

Leistung und Wirtschaft

War die Arbeitslosenversicherung ehemals eine finanzielle Leistung für Versicherte für den Fall, dass ihre Arbeitskraft nicht eingesetzt werden kann oder nachgefragt wird, wird sie heute diskursiv zu einem finanziellen Anreiz für Menschen mit geringer Erwerbsorientierung gemacht, die auf Kosten anderer leben wollen. Am skandalösesten ist es, wenn Bezieher*innen mehr herausbekommen, als sie eingezahlt haben. Dabei ist das genau das Prinzip einer solidarischen Umverteilung. Ansonsten könnte ja gleich jede*r für sich individuell vorsorgen. Die Logik des Markts dringt also auch in gesellschaftliche Sphären ein, die auf Basis des Solidaritätsprinzips entstanden sind.

Neoliberale Kriterien dienen heute als allumfassende Grundlage der Bewertung von Personen, dazu zählen Effizienz, Verwertbarkeit, Funktionsfähigkeit oder sichtbare Nützlichkeit für den volkswirtschaftlichen Erfolg. Dabei wird die Verantwortung vom Kollektiv hin zum Individuum verlagert. Indem die Schuld für die Arbeitslosigkeit bei den Betroffenen liegt, bewegt sich der Fokus weg von der Arbeitsmarktpolitik hin zur persönlichen Eigenhaftung. „Arbeitslose" werden zum sozialen Problem stilisiert und bekämpft, nicht die Arbeitslosigkeit. Der Soziologe Klaus Dörre spricht in diesem Kontext von einem „ideologischen Bürgerkrieg gegen die Unterklassen."[43] Eliten inszenieren einen Klassenkampf von oben und wähnen sich dabei in der Opferrolle: Während sie selbst viel Leistung erbrächten, machten es sich andere auf ihre Kosten „gemütlich". Die Verbreitung von abwertenden Haltungen und Vorurteilen gegenüber Arbeitslosen führt zu einer sozialen Spaltung zwischen Menschen, die zum wirtschaftlichen Erfolg und zum Erhalt des Sozialsystems beisteuern, und jenen, deren Lebensunterhalt auf staatlichen Transferleistungen basiert. Arbeitslose bringen eben den Wirtschaftsstandort nicht voran. In krisenhaften Zeiten, in denen Abstiegsängste aufkommen oder auch die Wahrnehmung, dass man selbst zu den „Verlierer*innen" zählen könnte, wird dieses Denken letztlich bestärkt.

Wenn ökonomischen Prinzipien Priorität eingeräumt wird und Leistung rein mit gegenwärtiger Erwerbsarbeit gleichgesetzt wird, dann haben es bestimmte gesellschaftliche Gruppen schwerer als andere. Etwa Arbeitskräfte, die älter sind als 50 Jahre, die aus Kostengründen entlassen werden und keine geeigneten Stellen mehr finden, weil Beschäftigte in dieser Alterskategorie mit „mangelnder Flexibilität" assoziiert und deshalb nicht nachgefragt werden. Da können die Zumutbarkeitsregeln für Arbeitssuchende noch so verschärft, die Sozialleistungen noch so gekürzt werden, das eigentliche Problem wird nicht angegangen. Zu den Verlierer*innen des volkswirtschaftlichen Nützlichkeits-Fetischismus zählen auch körperlich Beeinträchtigte oder Personen, die ihre Zeit der unbezahlten Versorgungsarbeit widmen: Hausarbeit, Erziehung, Pflege. Das betrifft insbesondere Frauen. Die Instandhaltung dieser Bereiche gilt als Grundlage für die volkswirtschaftliche Aufrechterhaltung, wird aber nicht honoriert, weder finanziell noch mit gesellschaftlicher Anerkennung. Im Gegenteil: Frauen, die ihr Leben lang auf der Haushalts- und Familienebene sehr viel geleistet haben, leiden in der Pension nicht selten unter Altersarmut. Denn Leistung bedeutet Einkommen. Und Leistungswilligkeit zeigt sich durch Erwerbsarbeit, dadurch, dass man etwas „verdient".

Mit der Abgrenzung nach unten sind die Stabilität und der Zusammenhalt innerhalb der demokratischen Gesellschaft in Frage gestellt. Wenn die Differenz und die Abwertung im Vordergrund stehen, dann werden soziale Benachteiligungen eher zur moralischen Entrüstung als zu politischem Engagement führen. Die Angst der Mittelschicht vor dem Abstieg, die Sicherung der eigenen Privilegien sowie die ausgrenzende Rhetorik in Politik, Medien und Wirtschaft verstärken die Sozialhierarchie zwischen Nützlichen und Nutzlosen, zwischen Gehaltsempfänger*innen und beschäftigungslosen Sozialhilfeempfänger*innen. Interessant ist, dass im Gegensatz dazu beim Empfangen von Vermögen keineswegs unterschieden wird zwischen (durch Leistung) erworbenem und (ohne Leistung) übertragenem Vermögen - da wird niemand abgegrenzt. Hohe Steuern auf große Erbschaften und Schenkungen im Sinne der Gerechtigkeit für die arbeitenden Leistungsträger*innen werden kaum mit starkem Nachdruck gefordert – und in nennenswerter Höhe als Beitrag zum Gemeinwohl schon gar nicht. Dabei sind Erbschaften leistungslose Vermögenstransfers, die die gesellschaftliche Hierarchie formen und soziale Ungleichheit verschärfen. Die soziale Kluft allein über die sogenannte Leistung zu legitimieren, bezeichnet der Ökonom Thomas Piketty als Rechtfertigungsapparat des meritokratischen Extremismus.[44] Wer also von Transferleistungen jenseits des Erwerbseinkommens spricht, sollte dazusagen, welche er meint – um der Meritokratie die Ehre zu geben.

DAS DIKTAT DES UNTERNEHMERGEISTES

Die unternehmerische Selbstständigkeit hat über die Jahre stetig an öffentlicher Aufmerksamkeit gewonnen: in der Debatte um Alternativen am Arbeitsmarkt, als eine Art Business-Infotainment-Thema und in reinen Unterhaltungsprogrammen. TV-Sendungen wie *2 Minuten 2 Millionen*, in der Jungunternehmer*innen ihre Produktideen vor Investor*innen pitchen, oder *The Profit*, in der ein Geschäftsmann Geld in scheiternde Firmen investiert, sind in aller Munde. Start-up-Festivals, auf denen Gründer*innen und „Maker" aufeinandertreffen, bieten eine kreative Atmosphäre, um sich auszutauschen und gemeinsame Projekte zu entwickeln. Ein Standard-Pass zur Teilnahme fängt preislich im Schnitt bei 600 € an. Business-Plattformen bringen Jungunternehmer*innen und Investor*innen – und damit Innovation und Kapital – zusammen. Auch der Staat hat es sich zur Aufgabe gemacht, Rahmenbedingungen für Firmengründungen zu verbessern und Image-Kampagnen zu initiieren, um individuelle Geschäftsideen und Verantwortung zu wecken. Das Leistungsprinzip wurde in den Vordergrund gerückt, Programme wie die Ich-AG wurden ins Leben gerufen. Die Idee dahinter: Die Stärkung der Eigeninitiative kann Beschäftigung erzeugen.

Neue Unternehmen sind eine notwendige Komponente der Dynamik moderner Volkswirtschaften, sie sind Akteure der vielzitierten Innovation und schaffen Arbeitsplätze. Mit dem Blick auf kontinuierliches Wachstum und laufende Entwicklung werden unzählige Gründerinitiativen, Förderungen für Jungunternehmer*innen oder Start-up-Unterstützungen angeboten. Damit erfolgt aber auch eine Verlagerung der Verantwortung weg von der Arbeitsmarktpolitik hin zum Individuum. Wenn auch die Schutzrechte von Arbeitnehmer*innen nicht als solche aufgeweicht werden, so wird doch der Geltungsbereich kleiner und das Anwendungsgebiet aufgefächert in viele verschiedene Möglichkeiten; etwaige Risiken – das Geschäftsrisiko oder das Risiko für ein gesichertes Einkommen – werden vielfach vom vorherigen Arbeitgeber auf die persönliche Ebene des neuen kleinen Selbstständigen übertragen.

Die Unternehmerrisiken nehmen aber viele Menschen mit Leidenschaft auf sich, da sie Selbstständigkeit und Unternehmertum als eine attraktivere und finanziell potenziell ertragreichere Option wahrnehmen als eine unselbstständige Beschäftigung in einem Angestelltenverhältnis: Eines Tages wird man sich zurücklehnen können, seine Mitarbeiter*innen für sich arbeiten lassen oder den Firmenwert so aufgebaut haben, dass sich durch den Verkauf eine lebenslange Rente lukrieren lässt. Bis dahin ist man sein eigener Chef und kann seine Ideen und Talente genauso umsetzen, wie man das möchte. Die Gestaltungsautonomie betrifft auch zeitliche Flexibilität: So kann man sich – sehr plakativ gesprochen – aussuchen, welche 16 Stunden man am Tag arbeiten möchte. Vielbepflanzte Co-Working-Spaces mit ständiger Verfügbarkeit hochdosierter Espressi helfen beim Start in das wirtschaftliche Erfolgsstreben.

Doch die Selbstverwirklichung ist nicht für alle gesellschaftlichen Gruppen das Motiv, sich selbstständig zu machen. In der sozialwissenschaftlichen Forschung wird mit Plausibilität angenommen, dass die migrantische Selbstständigkeit, vor allem in wenig gewinnträchtigen Sparten wie Einzelhandel und Gastronomie, stärker einer „Ökonomie der Not“ entspringt, dass Migrant*innen also viel eher auf Grund ihrer strukturellen Benachteiligung auf dem Arbeitsmarkt in die Selbstständigkeit gebracht werden. Einen maßgeblichen Einfluss auf die Umsetzung von Selbstständigkeit hat auch die rechtliche Lage, die vor allem durch das Zusammenspiel von Gewerbe- und Fremdenrecht komplex ist. So ist es kein Zufall, dass eine Vielzahl an ehemaligen Gastarbeiter*innen in Österreich eine Änderungsschneiderei aufgemacht hat, sondern eine rechtlich bedingte Entscheidung – denn dafür war kein Meisterbrief nötig. Gründer*innen orientieren sich also nicht immer am Prinzip der Unverbindlichkeit und Flexibilität, wie es häufig dargestellt wird. Für manche ist es schlicht die einzige Möglichkeit auf Einkommen.

Unternehmertum und Erfolgspflicht

Wie der Soziologe Sighard Neckel beschreibt, versteht die moderne Gesellschaft Erfolg als soziale Durchsetzung im Wettbewerb, die sich an Indikatoren wie Macht, Geld, Titel oder Prestige ablesen lässt.[45] Dass die Erfolgreichen auch die Besten sind, ist allerdings eine Fiktion. Das Leistungsprinzip gilt zwar als Richtschnur der Statusverteilung, war dafür aber nie allein ausschlaggebend. Erfolg ist nicht jedem in gleichem Maße zugänglich. Gutes Auftreten und ein sicherer finanzieller Hintergrund sind schon einmal sehr gute Voraussetzungen für erfolgreiches Unternehmertum. Personen aus einem gehobenen Herkunftsmilieu liegen klar im Vorteil. Für große Unternehmungen muss man in der Regel erst einmal Geld in die Hand nehmen und ein Risiko eingehen. Und ein höheres Risiko können leichter jene Menschen eingehen, die ökonomisch abgesichert sind. Zudem braucht es ein soziales Netzwerk, das man „in besserer Gesellschaft" von Geburt an mit dem renommierten Namen mitbekommt. Hinzu kommt nicht selten eine Portion Glück.

Dennoch wird die Illusion produziert, dass selbstständige Beschäftigung soziale Durchlässigkeit schafft. Als Unternehmer*innen sind alle gleich, materielle Voraussetzungen sind für „Maker" und „Self-Made Millionaires" irrelevant. Diese Illusion – gepaart mit dem Konkurrenzdiktat – versperrt den Weg zu Solidarität. Denn Unternehmer*innen sind nicht alle gleich. Nehmen wir als Beispiel „Mompreneurs". Hinter dieser neuen Bezeichnung verstecken sich Frauen, die aktiv die Rolle der Mutter und Online-Unternehmerin auszubalancieren versuchen. Vom Wohnzimmer aus wird gebloggt, ein Webshop mit selbstgemachtem Bio-Brei oder handgemachten Pralinen betrieben oder Dienstleistungen wie Party-Planning oder Online-Beratungen angeboten. Mompreneurship ist eine Strategie, um potenzielle Konflikte zwischen den Lebensbereichen Mutterschaft und Arbeit zu minimieren. Dies steht im starken Gegensatz zum allgemeinen Verständnis von Unternehmertum, bei dem die Motivation aus dem Bedürfnis nach Profit und Leistung und aus der Entdeckung von potenziell profitablen Geschäftsgelegenheiten resultiert. Für manche gestaltet sich Unternehmertum autonomer als für andere. Die Konzepte von Wachstum und unternehmerischer Erfolgsmessung beruhen eben auf traditionell männlichen Werten.

Dennoch gilt für alle gleichermaßen: Das Selbst ist erst verwirklicht, wenn die Verwirklichung auch erfolgreich ist. Ohne Zweifel findet eine zunehmende Verknüpfung zwischen angestrebter Selbstverwirklichung und ökonomischem Erfolg statt. Und dabei haben privilegierte Milieus die besseren Karten. Vermögen, vor allem die großen, werden nicht in jeder neuen Generation von mutigen Draufgänger*innen frisch aufgebaut, sondern durch großzügige Steuergesetze und durch Vererbung und Schenkung erhalten und weitergegeben. Die ebenfalls überlieferten Kontakte, Netzwerke und kulturellen Verhaltensweisen erleichtern es, die ererbten Vermögen pfleglich zu erweitern. Gemäß dem überall vorgeschobenen Leistungsprinzip sollte es eigentlich zufriedener machen, wenn Erfolg und Vermögen als Ergebnis eigener Leistung präsentiert werden kann, als Medaille für Leistungseinsatz und Einzigartigkeit. Doch hier macht das Leistungsprinzip Pause, hier wird der Spieß umgedreht. Erb*innen und andere Nutznießer*innen von arbeits- und leistungslosem Einkommen genießen sehr wohl den Anschein von Erfolg, den die Masse der Unbegüterten hinter großen Vermögen vermutet. Es ist gar nicht die Leistung, die respektiert und bewundert wird, sondern Geld und Macht, die man angeblich damit erlangen kann.

Selbstständigkeit als Lüge der Autonomie?

Hinter der Idee von Selbstständigkeit steckt häufig der Wunsch nach mehr Autonomie und Freiräumen, nach Selbstbestimmung, Unabhängigkeit, eigenen Projekten und Visionen, Eigenverantwortlichkeit, kurzum: mehr Freiheit. Und diese Freiheit ist ja nicht nur eingebildet, sondern in manchen Bereichen auch real. Man ist z.B. frei, auf Urlaub zu gehen, ohne jemanden vorher um Erlaubnis fragen zu müssen. Auffällig ist jedoch, dass die Sicherheiten einer Festanstellung zu „Zwängen" umgedeutet werden (ganz abgesehen von den abnehmenden Möglichkeiten, heute überhaupt eine abgesicherte Vollzeitstelle zu bekommen). Denn am Strand liegen weniger die reich gewordenen Selbstständigen als die Angestellten, die ihren bezahlten Jahresurlaub genießen. Statistisch betrachtet verdienen Selbstständige nicht besser als Angestellte. Viele Selbstständige arbeiten bis zu 80 Stunden die Woche und verdienen trotzdem kaum mehr als durchschnittliche Angestellte. Ein altes Sprichwort besagt: Wer selbstständig ist, arbeitet selbst und ständig. Und in mehr als einem Drittel der Fälle führt es zu keinem Ergebnis. Dieser Anteil an neu gegründeten Unternehmen überlebt die ersten drei Jahre nicht. Es stimmt zwar, dass Selbstständige durch ihr Unternehmen reich werden können, aber die Wahrscheinlichkeit dafür ist in etwa so hoch wie für einen Lottogewinn.

In Krisenphasen zeigen sich die Vorzüge, auf die Angestellte ein Anrecht haben, besonders deutlich. Wird ein Unternehmen zahlungsunfähig, sind die Angestellten in den meisten Fällen durch den Insolvenz-Ausfallgeld-Fonds abgesichert. Hingegen müssen Selbstständige ihre Forderungen beim Konkurs ihres Geschäftspartners zur Gänze oder zum Großteil abschreiben. Die Verwaltung und Steuerung der Finanzen nehmen einen zentralen Teil von neu gegründeter Selbstständigkeit ein. Dies ist besonders in der Anfangszeit eine Herausforderung, in der aus dem erst anlaufenden Geschäftsbetrieb Kredite zu tilgen, Angestellte zu bezahlen, womöglich Steuer vorauszuzahlen und Investor*innen bei Laune zu halten sind. Viel Zeit muss für die wichtige Akquise von Kund*innen verwendet werden. Wenn man vorab keine Netzwerke hat, kann es Jahre dauern, bis sich ein Kund*innenstamm aufgebaut hat und man wirklich Geld verdient. Zudem müssen sich Selbstständige eine eigene Betriebsstätte organisieren, sie tragen das Unternehmensrisiko und müssen Arbeitsverfahren eigenständig regeln. Für wen all das wirklich mehr Freiheit bedeutet, und ob das Gefühl der Selbstbestimmung tatsächlich das Allbestimmende ist, wird im Einzelfall sehr unterschiedlich sein.

Start-ups als neue Sweatshops?

Interessanterweise sind jene, die den scheinbar ausbeuterischen Angestelltenverhältnissen entflohen sind, nicht davor gefeit, diese selbst für ihre Mitarbeiter*innen herzustellen. Ein Blick hinter die Fassade der Start-up-Welt zeigt, dass diese wenig mit dem propagierten Image des Arbeitnehmer*innenparadieses gemein hat. Ein Tischkicker und täglich frische Früchte sind zwar nett, versüßen aber nicht die teils vorherrschenden ausbeuterischen Zustände: Oft findet man sich mit dem eigenen MacBook an einem meist chaotischen Ort wieder, der so schnell wie möglich wachsen soll, wofür man bis zur Erschöpfung arbeiten darf. In Start-ups ist prekäre Arbeit die Regel, die Aufstiegschancen sind gering, die Konkurrenz sehr groß. Es gibt weder Personalabteilungen noch Betriebsräte und so gut wie keine gewerkschaftliche Organisierung von digitalen Arbeiter*innen. Gleichzeitig unterscheiden sich die eigentlichen Tätigkeiten nicht besonders von denen in etablierten Unternehmen, die eher als behäbig und wenig innovativ und kreativ gelten. Das Image ist oft entscheidender, besonders für junge Menschen, die nach dem Studium ein Start-up als Möglichkeit sehen, das studentische Lebensgefühl noch ein bisschen fortzusetzen. Mit Gleichaltrigen in flachen Hierarchien zu arbeiten, zwischendurch ein bisschen kickern und am Abend ein Bier trinken gehen, das klingt erst einmal verlockend.

So war es auch für die Französin Mathilde Ramadier. Als 23-Jährige wollte sie sich mit einem Job in einem Berliner Start-up ihren Lebensunterhalt vor Ort finanzieren. Aus dem einen Job wurden zwölf, bei verschiedenen Start-ups. In ihrem Buch *Bienvenue dans le nouveau monde: Comment j'ai survécu à la coolitude des Start-ups* (*Willkommen in der neuen Welt – Wie ich die Coolness von Start-ups überlebt habe*) fasst sie ihre Erfahrungen zusammen und erschüttert dabei das glorifizierende Image, das die Szene umgibt. Sie betont die Schattenseiten der informellen Atmosphäre, des Gefühls, zu einer Familie zu gehören: Ist man mit seinen Kolleg*innen befreundet, gibt es einen Kicker und gratis Essen, dann ist es schwieriger, nein zu sagen, wenn unbezahlte Überstunden erwartet werden. Neben der Unterbezahlung – manche Kolleg*innen verdienten nicht einmal genug Geld, um eine eigene Unterkunft zu bezahlen – beschreibt sie eine massive Unterforderung, verbunden mit wortreich aufgeblähten Bezeichnungen. So wurde sie einmal als „Country Manager France" angeheuert und musste dann drei Wochen lang Daten in Excel-Tabellen eintippen. In ihrem Fall hatten die Langeweile und Überqualifizierung dennoch ihr Gutes: Sie ermöglichten ihr, nebenbei ein Buch zu schreiben und sich als Autorin zu etablieren.

Entgrenzung von Beruf und Freizeit

Die Tatsache, dass Selbstständige ihre Geschäfte selbst organisieren müssen, führt dazu, dass ihre Arbeits- und Privatsphäre zunehmend miteinander verschwimmen. Die Grenzen von Beruflichem und Privatem werden unscharf bis fließend, kollektive Zeitmuster wie „Feierabend" und „Wochenende" – also eine zeitliche Trennung von Arbeit und Freizeit – spielen eine immer geringere Rolle. In der Selbstständigkeit wird das Privatleben für die Erwerbsarbeit instrumentalisiert. Private Potenziale und persönliche Ressourcen, wie die Freizeit oder der Wohnraum, werden dem Beruf untergeordnet. Nach getaner Arbeit geht man auf Veranstaltungen, auf denen man geschäftliche Kontakte knüpfen oder pflegen kann. Wobei, fängt die Arbeit dort nicht wieder von vorne an, selbst wenn man dort eine betont familiäre Atmosphäre vorfindet? Was fällt heute überhaupt in die Kategorie Arbeitszeit? Wenn ich mir ein Business-Outfit kaufen gehe, ist das dann privat oder beruflich verwendete Zeit? Zählt es zur Freizeit, wenn ich im Wohnzimmer einen Marketing-Ratgeber lese oder im Gastgarten E-Mails bearbeite?

Diese Form der Entgrenzung trifft im Übrigen nicht nur auf Selbstständige zu. Auch von angestellten Arbeitskräften wird ein immer größerer Einsatz gefordert. Bei der Vergabe von Arbeitsplätzen werden mitunter jene, die sich dem grenzüberschreitenden Zugriff des Arbeitgebers zur Verfügung stellen, bevorzugt. Moderne Kommunikationstechnologien tragen wesentlich zum Verschwimmen der Sphären bei. Dennoch können sich Selbstständige dem Prozess der Entgrenzung noch weitaus weniger entziehen als Unselbstständige. Durch die Erosion der Unterscheidung zwischen Arbeit und Privatem entstehen neue Handlungsanforderungen und mentale Beanspruchungen. Die permanente Belastung sowie der Druck und das Risiko zu scheitern können sich in Stress, der Unfähigkeit abzuschalten, Angst- und Depressionserkrankungen sowie Erschöpfungszuständen zeigen. Die suggerierte Befreiung wird zur Arbeit ohne Ende.

Unter den neuen Bedingungen müssen Individuen selbst für eine aktive Grenzziehung sorgen. Und damit kommen wir zum nächsten potenziellen Druckfaktor. Die Abgrenzung soll durch die Personen selbst hergestellt werden, und wie gut sie gelingt, hängt letztlich von der Selbstdisziplin ab. Wenn einen die überbordenden Ansprüche aus dem Erwerbsbereich mürbe machen, dann fehlt es an Gelassenheit, Souveränität, Kontrolle und Beherrschung. Das ist allerdings leichter gesagt als getan. In diesem Kontext bekommt der Begriff „Grenzmanagement“ eine völlig neue Bedeutung – vom nationalen Raum in das Zuhause.

Das unternehmerische Selbst

Der Soziologe Ulrich Bröckling vertritt die These, dass sich die Maxime, nach Unternehmensprinzipien zu operieren auch auf andere Lebensbereiche überträgt.[46] „Handle unternehmerisch!“ wird so zum kategorischen Imperativ der Gegenwart. Menschen werden zu ökonomischen Subjekten, die ihr Handeln marktkonform ausrichten. Sie sollen sich nicht nur eigenständig am Arbeitsmarktgeschehen beteiligen, sondern die eigenen Potenziale und den Schöpfungsgeist auch in weiteren Sektoren des Lebens entfalten und überall möglichst effizient agieren. Individuen werden aufgerufen, sich selbst zu regieren und zu modellieren, sich aus eigenem Antrieb „skills“ anzueignen und sich selbst fortwährend zu optimieren: lebenslanges Lernen, immer am Ball bleiben.

Diese Entwicklung der Eigenständigkeit und des Unternehmertums sowie der Antrieb, permanent am eigenen Kurswert zu arbeiten, gehen mit dem Rückzug des Staates als dem organisierten offiziellen Gemeinwesen einher. Die kontinuierliche Selbstmodifikation ist notwendig, um anschlussfähig zu bleiben, und wird von der Angst getrieben, ansonsten aus der von Marktmechanismen gesteuerten gesellschaftlichen Ordnung herauszufallen. Individuen können nicht einfach *sein*, sie sind produktiv, sie bringen hervor. Das Ethos des unternehmerischen Handelns, an sich zu arbeiten und Verantwortung für sein Leben zu übernehmen, besteht unter anderem darin, sich als Marke zu etablieren, sich möglichst gut zu „verkaufen“. Wo die Grenze zwischen Motivation und Selbstausbeutung verläuft, ist dabei nicht immer klar. Es kann jedoch bis hin zum Verlust der eigenen Identität gehen.

Durch diese Form der Selbstregierung findet ein scheinbares Paradox statt. Denn sich zu disziplinieren und zu regulieren, bedeutet zugleich, sich zu gestalten, zu ermächtigen und in diesem Sinne frei zu sein. Die Soziologin Susanne Krasmann beschreibt das so:

> *„Die Individuen werden in einer Weise sich selbst überlassen, dass sie frei sind, eben das zu tun, was ihnen auferlegt wurde. Zurückgeworfen auf sich selbst, haben sie die Freiheit, aus ihrem Leben etwas zu machen, wofür nur sie selbst verantwortlich sind.“*[47]

Dieses Leitbild ist zugleich Schreckensbild. Was alle werden sollen, ist auch das, was allen droht. Insgesamt zeigt sich, dass die über Generationen erkämpften und entwickelten Angestelltenrechte in manchen Teilen der Gesellschaft ein schlechtes Image haben, besonders in der jungen, kreativen Tech-Szene. Wahre Selbstverwirklichung ist nur in der Selbstständigkeit zu finden, so das Credo. Der Arbeitsort ist dann nicht das „Büro“, in dem man zu geregelten Zeiten arbeitet oder Dienst nach Vorschrift verrichtet, sondern das reale oder auch virtuelle „Office“, das allein schon durch die englische Bezeichnung einen internationalen dynamisch-modernen Charme verströmt. Zwar verbringt man dort viel mehr Zeit zu gleich viel oder weniger Geld, dafür befindet man sich im gefühlten Reich der Freiheit. Frei und ausgebrannt. Natürlich ist man zeitlich flexibler. Man kann Erledigungen am Abend von zu Hause aus vornehmen und dafür am nächsten Morgen länger schlafen oder ein Wochenende durcharbeiten und dafür zwei Tage verreisen. Aber die Vermischung von Beruflichem und Privatem bietet nicht nur Vorteile, sondern birgt auch das Potenzial einer großen Belastung. Das Prinzip der Selbstführung wird zum Trugbild der Befreiung. Und die Aussicht auf eine adäquate Honorierung ist verhältnismäßig gering. Heute verkaufen viele Menschen ihre Arbeitskraft also nicht mehr primär für Geld, sondern vielmehr für das Gefühl von frischer Freiheit. Und manche von ihnen sehen selbstgerecht auf die grauen Massen mit ihren altbackenen „9-to-5“-Jobs hinunter, mit denen sie nie tauschen würden, auch wenn diese nach der Schicht vom Büro nach Hause gehen und (ihr Firmenhandy) abschalten.

POLI

DIE STRAFTÄTER DER UNTEREN KLASSE

Wenn Sie an „Kriminalität“ denken, was kommt Ihnen da als erstes in den Sinn? Korruption, Finanzbetrug, Bilanzfälschung, Geldwäsche, Steuerhinterziehung oder Subventionsbetrug? Mit hoher Wahrscheinlichkeit nicht, denn das Verbrechen wohnt auf der Straße. Folgt man dem dominanten politischen Diskurs, so entsteht Kriminalität im Keller der Gesellschaft, im Umfeld der Armut: zerrüttete Familien, Slum-Verhältnisse, schlechte Bildung, Frustration und psychische Probleme werden allgemein als Gründe für das Abrutschen in die Kriminalität erwartet. Das stellte der Soziologe Edwin Sutherland vor 80 Jahren fest.[48] Allerdings spiegelt die weit verbreitete Vorstellung von Kriminalität als Gewaltverbrechen wie Mord, Einbruch oder Überfall nur einen Ausschnitt der Realität wider, nämlich jenen, bei denen sich überwiegend die Täter in den unteren Klassen verorten lassen. Die Delikte sogenannter oberer Klassen, die im großen Stil im Geschäftsleben stattfinden, werden kaum im gleichen Maße problematisiert und sichtbar gemacht. Es war der Anspruch Sutherlands, dies in einer ersten großen wissenschaftlichen Arbeit zu dem Thema zu ändern.

80 Jahre später ist die Frage aktueller denn je. Die unterschiedliche Behandlung von Kriminalität je nach Schichtzugehörigkeit ist augenscheinlich. Es besteht ein großer Unterschied darin, wie die Öffentlichkeit verschiedene Formen von Verbrechen wahrnimmt und wer diese begeht, insbesondere aufgrund der Art, wie Medien darüber berichten. Regelmäßig sehen wir Berichte über Straßenkriminalität, sie sind das tägliche Brot und die auflagenfördernde Würze der Yellow Press. Während, plakativ ausgedrückt, jede Person, die eine Geldbörse stiehlt,

zum Verbrecher hochstilisiert wird, gilt die Wirtschaftskriminalität der „besseren Gesellschaft" eher als eine Reihe spektakulärer Einzelfälle unter „besonderen Umständen". Selbst bei ähnlichen Straftaten kommt es bei der moralischen Bewertung und strafrechtlichen Verfolgung darauf an, in welchem sozialen Milieu die ausübende Person verankert ist. Dazu zwei Beispiele:

US-Präsident Donald Trump begnadigte im April 2018 „Scooter" Libby, der als Stabschef des damaligen US-Vizepräsidenten Cheney eine verdeckte CIA-Agentin enttarnt, anschließend im Strafverfahren die Gerichte belogen hatte und dafür wegen Meineid und Behinderung der Justiz verurteilt worden war.[49] Etwas kurios war an dieser Begnadigung, dass es schon die zweite für Libby war, da gleich nach der Verurteilung 2007 der damalige Präsident George W. Bush Libby die 30 Monate Gefängnis erlassen hatte. Von zwei Präsidenten begnadigt zu werden, das ist schon außergewöhnlich. Das Weiße Haus ließ dazu offiziell verlauten, dass Libby vor seiner Verurteilung über ein Jahrzehnt der Nation ehrenhaft gedient habe, sein Leumund seit seiner Verurteilung makellos und er weiterhin von Kolleg*innen und Mitarbeiter*innen hochgeschätzt sei.[50]

Ganz anders hingegen verliefen – ein paar Sprossen weiter unten auf der sozialen Leiter – die Verfahren über Geheimnisverrat durch Julian Assange, Edward Snowdon und Bradley Manning. Zwei davon sind im Exil, einer – jetzt als Chelsea Manning *eine* – im Gefängnis. Bei diesen Fällen gab es keine Spur eines House-of-Cards-Glamours. Da war von Verbrechen gegen die Sicherheit „unserer" jungen Männer und Frauen bei der Armee die Rede, von Hinterhalt und Hochverrat. Es seien nicht bloß Verbrechen wie andere auch, sondern noch dazu gemeine Verbrechen, weil es um Hochsicherheitsfragen von nationalem Interesse ging. Diese Täter*innen sind Verräter*innen.

Und noch ein Beispiel-Tandem in unseren Breitengraden: Im Dezember 2012 wurde im zweiten BAWAG-Prozess der Investmentbanker Wolfgang Flöttl vom Anklagepunkt Untreue freigesprochen. Flöttl war aktiv am Verschwinden von über einer Milliarde Euro der BAWAG Bank beteiligt, womit die Streikfonds der Gewerkschaften großteils ausgeräumt waren. Die BAWAG-Vorstände, die ihm das Geld zum Spekulieren überlassen hatten, wurden zu Gefängnisstrafen verurteilt. Der Spekulant ging aber frei, obwohl der Verbleib der Gewerkschaftsmilliarde nie ganz geklärt werden konnte. Wolfgang Flöttl ist der Sohn des ehemaligen Vorstandsvorsitzenden der BAWAG und der Schwiegersohn des ehemaligen US-Präsidenten Dwight Eisenhower.

Hingegen wurde eine 54-jährige österreichische Angestellte, die dreieinhalb Jahre bei einem Lebensmittel-Diskonter gearbeitet hatte, im März 2018 von ihrem Arbeitgeber entlassen und wegen Diebstahls angezeigt. Der Grund: Beim Tragen des vollen Sacks mit altem Gebäck zur Mülltonne nach Geschäftsschluss hatte sie zwei Salzstangerl für sich zur Seite gelegt.

Beispiele wie diese verdeutlichen die Tendenz, dass bei Eliten das Strafgesetzbuch etwas lockerer ausgelegt wird. Ein gängiges Sprichwort, das zwischen Resignation und Sarkasmus pendelt, fasst es so zusammen: Die Kleinen hängt man, die Großen lässt man laufen. Vor Gericht sind eben doch nicht alle Menschen gleich.

Verbrechensopfer und Schadensdimension

In der Wirtschaftskriminalität werden die großvolumigen Vergehen von „denen da oben“ als praktisch zum großen Geschäft dazugehörig gesehen, als Part-of-the-Game, als clever und smart akzeptiert, sofern sie sich nicht erwischen lassen. Autodiebe, Wohnungseinbrecher, Trickbetrüger sind hingegen moralisch verwerfliche Verbrecher. Die kleinen Eigentums- und Geschäftsdelikte werden als alltägliche Bedrohung, als quasi überall lauernde Gefahr wahrgenommen, während die großen Finanzskandale und Betrugsaffären allein schon mit dem prickelnden Klang der Bezeichnungen einen gewissen Gazetten-

Glamour erhalten. Das Publikum blickt staunend nach oben zu den Machenschaften der Hochfinanz und tritt entrüstet nach unten auf die Diebe, Gauner und Einbrecher.

Es wirkt so, als braucht es das Bild eines personifizierten Opfers, um ein Ungerechtigkeitsgefühl hervorzurufen. Opfer oder Verbrechensopfer werden jene genannt, die man individuell verorten kann, etwa jene, die ausgeraubt worden sind. Das können Finanzskandale und Betrugsaffären in dieser Form nicht bieten. Auch deshalb ist es populärer, als große Masse entrüstet die Aufmerksamkeit auf die mutmaßlichen Diebe und Gauner zu richten und mehr in die „subjektive Sicherheit" zu investieren, in das persönliche Sicherheitsgefühl auf den Straßen vor der eigenen Haustür. Die von der „besseren Gesellschaft" direkt oder mittelbar Geschädigten sind in den meisten Fällen nicht einzeln identifizierbar. Die Schadensdimension der Finanzkriminalität reicht allerdings tief hinein in den Alltag von gesamten Bevölkerungen. Ein paar Beispiele:

Die Schattenwirtschaft (Schwarzarbeit, Schwarzmarkt) macht laut dem Ökonomen Friedrich Schneider 6,5 % des BIP aus.[51] 2018 entgehen dem Staat Österreich 18,3 Milliarden Euro durch Schwarzarbeit in den Bereichen Baugewerbe, Handwerksbetriebe, Dienstleistungsbetriebe oder Unterhaltungs- und Vergnügungsbranche. Im EU-Vergleich hat Österreich damit den mit Abstand niedrigsten Schattenwirtschaftsanteil. Danach folgen die Niederlande (7,5 % des BIP) und Luxemburg (7,9 % des BIP). Schlusslichter sind laut Schneider Bulgarien (30,8 % des BIP), Kroatien (27,4 % des BIP) und Rumänien (26,7 % des BIP).

Durch Steuerhinterziehung und Steuerbetrug entgehen dem österreichischen Bundesbudget im Jahr 2018 etwa 2,9 Milliarden Euro (rund 1 % des BIP), in Italien 37 Milliarden, in Frankreich 25 Milliarden, in der ganzen EU sind es circa 160 Milliarden Umsatzsteuern. Den meisten Betrug gibt es in Rumänien (38 % der Mehrwertsteuern betroffen), den wenigsten in Schweden (1,9 % der Mehrwertsteuern).[52]

Die Krisen-Banken Hypo, KA Finanz, Immigon haben die Maastrichtschulden Österreichs zeitweise auf bis zu 28 Mrd. Euro, bzw. 8,2 % des BIP ansteigen lassen.[53] Das ist zu einem beträchtlichen Teil inzwischen wieder beseitigt worden. An tatsächlichen Kosten brachte der Hypo-Fall für den österreichischen Staat eine Summe von 12,5 Mrd. Euro bzw. 4,4 % des BIP.[54]

Den höchsten verborgenen Anteil und Graubereich gibt es bei der Korruption und all ihren Vorformen. Für das größte Aktionsfeld der Korruption, die Wettbewerbsbehinderung und Wettbewerbsumgehung, gibt es regelmäßig wiederholte Studien zu „The Cost of Non-Europe" (Cecchini Report). 2014 nannte der Report für Österreich eine Gesamtschadens-Schätzung aller gegen den offenen Binnenmarkt gerichteten Anti-Wettbewerbs-Maßnahmen von 2,14 % des BIP.[55]

Zusammen ergeben diese vorsichtigen Schätzungen der oberen Finanz- und Wirtschaftskriminalität rund ein Sechstel (15 %) des Bruttoinlandsproduktes. Ein schönes Stück des allgemeinen Lebensstandards und Wohlstands – soweit das BIP als Wohlstandsindikator funktioniert. Ein Sechstel für jede*n, das wären etwa zwei von zwölf Monatsgehältern, in Österreich sogar 2,33 Gehälter, weil hier die meisten Arbeitnehmer*innen 14 Monatsgehälter beziehen.

Die Zahlen sind bekannt, zumindest in der Größenordnung, und die Auswirkungen auf alle sind absehbar. Die meisten Menschen sehen aber die Einbrecher in einer Wohnung und Autoknacker als die wahren Verbrecher und Feinde der Gesellschaft, während interessanterweise die Großkriminellen eher als Prominente, Helden, wenn nicht gar als Vorbilder gelten. Das souveräne Image der Hochfinanzkriminalität geht sogar in die Sprache ein. Ein gern zitiertes Bonmot bringt es auf den Punkt: Wenn jemand der Bank 100.000 Euro schuldet, hat er ein Problem. Wenn jemand 100 Mio. schuldet, hat die Bank ein Problem.

Helden, die über dem Gesetz stehen

Die großen Namen der Wirtschaftskriminalität werden zu Heldenfiguren und Mythen, ihr Leben wird von Hollywood in die Kinos gebracht, ihre Persönlichkeiten gehören zur Allgemeinbildung, ihre Kreativität wird bewundert. Die Täter werden in Filmen (*Catch Me If You Can, The Wolf of Wall Street*) und Fernsehserien oft als Macher, Aufsteiger, Erfolgstypen, als Elite dargestellt, die privat und beruflich von jungen attraktiven Frauen umgeben sind, die smart und kreativ agieren, die das System durchschaut haben und darauf spielen wie auf einem Klavier. Wenn ihr riskantes Spiel verloren ist, dann liegt das Leid nicht am gesellschaftlich verursachten Schaden, sondern in der persönlichen Blamage und Pein. Die Tragik zeigt sich darin, dass der Protagonist seinen Lebensstil aufgeben muss, nicht an den Kosten, die die Bevölkerung als Konsequenz zu tragen hat. Generell wird den großen Unternehmen, vermögenden und mächtigen Personen anerkennend die Fähigkeit zugeschrieben, alle Möglichkeiten, Nischen und Sonderfälle unter den gegebenen Gesetzen vollständig auszunützen und auszureizen. Weiters sind sie in der Lage, Geschäfte im Grenzland der Legalität so anzulegen, dass der Nutzen maximiert wird und potenzielle Strafen und Risiken abgehalten werden, sowie aus allen bewusst eingegangenen Gesetzesbrüchen und sonstigen Regelverstößen straffrei herauszukommen. Schließlich haben sie die Macht, die Gesetzesentstehung und Gesetzesweiterentwicklung durch Lobbying, Influencing und (vermuteterweise auch) Korruption sogar mitzuformen und zu steuern.

Die unvergleichlich größeren Chancen der Eliten, mit Hilfe von Anwält*innen und Berater*innen wesentlich weniger direkt dem herrschenden Gesetz unterworfen zu sein, werden in der landläufigen Beurteilung verdichtet zu einem Quasi-Naturgesetz der gesellschaftlichen Hierarchie, der „Schwerkraft der Gesetzestreue“. Je näher dem Boden, desto schwerer wiegt die Regeldichte der Gesetze, je weiter oben, desto leichter und luftiger wird der Umgang mit dem Regelkorsett. Rechtskonformes Vorgehen wird zu einer Wahlmöglichkeit im Streben nach Erfolg und dem Maximieren der Ergebnisse. Oder anders ausgedrückt, wie Sutherland Daniel Draw zitiert: „Das Gesetz ist wie ein Spinnennetz; es ist für Fliegen und kleinere Insekten gemacht, sozusagen, aber die dicken Hummeln, die brechen einfach durch.“[56] Das zeigt sich unter anderem darin, dass bei den teils extrem hohen Beträgen, um die es bei der Oberklassenkriminalität oft geht, die Gesetze und Regeln der gesellschaftlichen Niederungen nicht mehr gelten. Derartige Beträge werden häufig nicht zurückbezahlt, damit ist zu rechnen. An der Wallstreet heißt ein altes Bonmot: „In God we trust – all others pay cash please!“ Der Witz dabei ist, dass „In God we trust“ das offizielle nationale Motto der USA ist, das auf dem 1-Dollar-Schein steht, und dass der Spruch auf der kleinsten Banknote in umgekehrter Wortspiellogik auf die Akteure auf den Finanzplätzen umgelegt wird: Wenn es um Millionen geht, ist keinem mehr zu trauen – elegant und witzig in wohlwollender Kumpanei getextet. Einige prominente Täter und Fälle dienen dafür als Anschauungsbeispiele. Ihre mediale Darstellung entfacht Neugier, Sensationslust bis hin zur Bewunderung, ganz anders als eine Geschichte über eine Jugendbande, die Smartphones gestohlen hat: Bernard Madoff (63 Mrd. US-$), Lehman Brothers (50 Mrd. US-$), Hypo Alpe Adria (12,5 Mrd. €), Jerome Kerviel (4,4 Mrd. €), Siemens Korruptionsaffäre (1 Mrd. €), Salzburger Finanzskandal (350 Mio. €), Charles Ponzi (150 Mio. US-$), Wolfgang Beltracchi (50 Mio. €).

Insgesamt wird deutlich: Der öffentliche Fokus im Bereich Kriminalität ist auf die Straße gerichtet. In Wien werden Fahrradpolizisten aufgestockt und bei einer „Aktion scharf“ Strafen für Missachtungen einer roten Ampel, Telefonieren am Rad und Befahren des Gehsteigs ausgeteilt. Zur Bekämpfung der Verbrecher werden Elektroschockpistolen eingeführt und eine Reiterstaffel eingesetzt, deren Startbetrieb rund 380.000 € ausmacht. Die Statistiken zeigen jedoch eindeutig: Die Sorge, dass Eliten unsere Steuergelder verspekulieren, sollte eigentlich größer sein, als dass einem jemand die Geldbörse stiehlt. Allein durch Steuerflucht von multinationalen Konzernen entgehen Österreich bis zu 900 Millionen Euro an Einnahmen im Jahr.[57] Im Jahr 2015 haben multinationale Unternehmen wie Google, Amazon oder Nike insgesamt 620 Milliarden US-Dollar an Gewinnen in Steueroasen verlagert (570 Milliarden Euro). Damit entgehen Industrieländern, insbesondere in der EU, aber auch Schwellen- und Entwicklungsländern, Einnahmen im großen Stil. Informationen wie diese erreichen uns regelmäßig, etwa wenn investigative Journalist*innen wieder einmal Unterlagen über Luxembourg, Irland, Panama oder Paradise Papers veröffentlichen. Politisches Vorgehen dagegen ist nicht einfach, da die oft länderübergreifenden Sachverhalte der Delikte die Behörden vor große Herausforderungen stellen. Doch es fehlt auch eindeutig am Willen.

Während in kürzester Zeit ohne spezifischen Anlass polizeiliche Maßnahmen auf der Straße ausgebaut werden, wartet man auf hartes Durchgreifen im Wirtschaftsbereich vergeblich. Damit entstehen dem Staat enorme finanzielle Verluste, deren Kosten sie Bürger*innen zu tragen haben. Finanzkriminalität beeinträchtigt das staatliche Gemeinwesen und das Wirtschaftswachstum zutiefst negativ. Dann in ernster Manier das Argument zu bringen, sozialstaatliche Leistungen müssten aufgrund des wachsenden Budgetlochs durch Geflüchtete gekürzt werden, ist Zynismus pur.

VICTIM-BLAMING: ABWERTUNG DURCH SCHULDZUWEISUNG

Opfer sind unbeliebt. Nicht nur am Schulhof wird der Begriff als verächtliche Beschimpfung für Verwundbarkeit verwendet („Du Opfer"). Auch bei Straftaten neigen viele Menschen dazu, Opfer für deren Schädigung selbst verantwortlich zu machen. Warum hast du die Geldbörse auch in der Jackentasche gehabt? Habt ihr denn kein besseres Schloss an der Eingangstür? Ist dir nie aufgefallen, dass er betrügerische Absichten hat?

Ein Grund für die Täter-Opfer-Umkehr ist die Erwartungshaltung, dass die Welt grundsätzlich gerecht ist, dass Menschen im Leben das bekommen, was „ihnen zusteht". Diese Einstellung wird als „Gerechtigkeitshypothese" bezeichnet und umfasst die Tendenz, bestimmte Konsequenzen einer universellen Kraft zuzuschreiben, die das moralische Gleichgewicht wiederherstellt. Dieser Glaube basiert auf einer angenommenen Form von kosmischer Gerechtigkeit, Stabilität und Ordnung. Viele Menschen wollen nun einmal denken, dass alles gut wird, wenn sie das Richtige tun. Es wäre ein bedrohlicher Gedanke, erkennen zu müssen, dass einem selbst auch eine ungerechte Schädigung passieren könnte. Deshalb beschuldigen Menschen Opfer, damit sie sich selbst weiterhin sicher fühlen können. Anstatt eine schlechte Wendung der Ereignisse dem Pech zuzuordnen, neigen sie dazu, das Verhalten des Individuums als Schuldquelle zu betrachten. Denn es gilt die Regel: man erntet, was man sät. Sicher gab es einen Grund, dass das Kind des Nachbarn von einer Gruppe an Jugendlichen verprügelt und ausgeraubt wurde, und das wird dem eigenen Kind nie passieren, weil man es zu mehr Vorsicht erzogen hat. Sicher hätte die junge Frau den Übergriff vermeiden können, wenn sie sich nicht so aufreizend angezogen hätte, denn das sendet ja schon eine gewisse Botschaft. Außerdem: Wer sich von einem fremden Mann auf ein Getränk einladen lässt, weiß, worauf er sich einlässt.

Die Hypothese wurde erstmals ausführlich in den frühen 1960er-Jahren von dem Sozialpsychologen Melvin J. Lerner untersucht, der grundlegende Arbeiten über gerechte Weltanschauungen durchgeführt hat.[58] Seitdem wurde die Forschung fortgesetzt. Mehrere Faktoren beeinflussen, welche Individuen die Hypothese eher befürworten. Eine der wichtigsten Determinanten ist jedoch die eigene Erfahrung von Ungerechtigkeit: Wenn Menschen ein hohes Maß an Ungerechtigkeit erfahren, werden sie weniger wahrscheinlich an Gerechtigkeit in der Welt als Ordnungsprinzip glauben – außer sie sind der Ansicht, dass sie ihr Unglück verdient haben und ihnen Schlechtes zustößt, weil sie schlecht gehandelt haben oder eine schlechte Person sind. Zudem zeigen aktuelle Studien übereinstimmend, dass der Glaube an eine gerechte Welt stark mit gesellschaftlichen Privilegien zusammenhängt. Menschen, die eine bevorzugte gesellschaftliche Stellung haben, wie z.B. Wohlhabende, Weiße und Männer, neigen eher dazu, die Gerechte-Welt-Hypothese zu unterstützen als Benachteiligte wie Arme, ethnische Minderheiten und Frauen.[59] Auch Schönheit oder Attraktivität ist eine Form des Privilegs, das zu positiven Lebenserfahrungen führt und damit die Gerechte-Welt-Hypothese unterstützt.

Wie andere kognitive Verzerrungen kann auch die Gerechtigkeitshypothese psychologische Vorteile bringen, etwa die Fähigkeit, die Welt als stabil und steuerbar zu betrachten. Vertraut man den Gesetzen des Gleichgewichts, blickt man mit Zuversicht in die Zukunft – denn man kann sie ja beeinflussen. In dem Glauben, dass das Verhalten Einzelner für ihr Unglück verantwortlich ist, können Menschen weiterhin daran festhalten, dass die Welt gerecht ist. Es ist ein Wunsch, die Angst vor der Ungerechtigkeit der Welt zu minimieren.

Trotz der individuellen Vorteile hat dieser gedankliche Fehlschluss auch viele dokumentierte schädliche Auswirkungen. So kann der Glaube an eine gerechte Welt ein Engagement für Gerechtigkeit untergraben. Die Sozialwissenschafter*innen Zick Rubin und Letitia Anne Peplau haben eine Studie durchgeführt, um die Eigenschaften von Menschen mit überzeugtem Glauben an eine gerechte Welt zu untersuchen.[60] Sie fanden heraus, dass Menschen mit einer starken Neigung, an eine gerechte Welt zu glauben, eher negative Einstellungen gegenüber benachteiligten Gruppen haben. Diese Menschen verspüren wenig Bedürfnis, etwas zu unternehmen, um die Gesellschaft zu verändern und die Notlage der sozial Benachteiligten zu lindern. Indem sie generell Menschen für ihr eigenes Unglück verantwortlich machen, schützen sie ihre Sicht auf die Welt als einen sicheren und gerechten Ort – mit erheblichen Kosten für die Bedürftigen. Die Empathie für die Schwächeren nimmt ab, wenn Menschen glauben wollen, dass nur jenen etwas Schlimmes passiert, die es auch verdienen.

Sexuelle Übergriffe? Selber Schuld!

Im Hinblick auf sexuelle Übergriffe gegenüber Frauen gehen die Vorwürfe an die Opfer oft noch einen Schritt weiter als bei Delikten in anderen Bereichen. Sie begeben sich dann „in die Opferrolle“ oder spielen die „Opferkarte“ aus, wenn sie es überhaupt wagen, Grenzübertretungen anzuprangern. Bei Einbrüchen würde kaum jemand sagen, dass sich Geschädigte in die „Einbruchsopferrolle“ begeben. Oder aber das, was ihnen jemand angetan hat, wird zur Definition ihrer Identität erhoben: „Sie ist ein Opfer sexueller Übergriffe“.

Das kann so weit gehen, dass Frauen geraten wird, sich die strafrechtliche Anfechtung zu überlegen, weil der Ruf und die Zukunft des Täters aufgrund der „kurzen Lappalie“ stark geschädigt werden kann. So war es im Fall von Brock Turner, einem Studenten und ehemaligen Athleten an der Stanford University in den USA. Im Jänner 2015 hatte er eine junge Frau vergewaltigt. Sie war während der Gewalttat bewusstlos. Turner wurde angeklagt, die Jury befand ihn für schuldig. Die Staatsanwaltschaft forderte mindestens sechs Jahre Haft, doch der Richter blieb deutlich unter dem geforderten Strafmaß und verurteilte den jungen Mann zu nur sechs Monaten. Der Grund: Der Brief einer Freundin Turners überzeugte ihn vom „guten Charakter" des Angeklagten. Der Vater des Studenten verkündete daraufhin, dass sein Sohn nicht wegen „20 Minuten Handlung" ins Gefängnis müssen sollte. Außerdem sei er noch so jung, habe keine Vorstrafen und könne seit dem Prozess nicht mehr richtig essen. Eine Verurteilung wegen Vergewaltigung würde sein ganzes Leben zerstören. Eine klassische Täter-Opfer-Umkehr, bei der das Verständnis oder Mitleid für den Täter – und nicht für das Opfer – eingefordert wird. Ein derartiger Einwurf kommt bei anderen Delikten wie z.B. Diebstählen kaum. Oder können Sie sich folgenden Hinweis vorstellen:

> *„Jetzt denk doch einmal nach. Was, wenn der Dieb gefasst wird? Er kriegt eine Strafe aufgebrummt, verliert womöglich seinen Job, falls er einen hat, ist kriminalisiert – kurzum, du vernichtest seine Reputation, seine wirtschaftliche Existenz, und das alles wegen deines lächerlichen Geldbörsels, wo wahrscheinlich eh kein Geld drin war. […] Wenn es Schule macht, dass Frauen wegen eines bisschen Geldbörselfladerns gleich die Gesetzeshüter bemühen, dann traut sich doch in Zukunft kein Mann mehr, einer Frau die Hand zu geben, weil er befürchten muss, dass sie ihn wegen Taschendiebstahls anzeigt. […] Dir das Geldbörsel zu stehlen, ist ja vielleicht ein flegelhaftes Verhalten, aber deswegen ist es doch nicht kriminell."*[61]

Das Herabspielen von Straftaten ist im Bereich sexueller Belästigung und Gewalt weit verbreitet. So werden Frauen, die Täter aus der Unsichtbarkeit hervorholen, als „Männerhasser" charakterisiert. Eine althergebrachte Strategie: „to kill the messenger". Eine weitere rhetorische Praktik ist es, die strafrechtliche Verankerung von sexueller Belästigung als Arena der Vergeltung darzustellen, als Spielfeld für die Ambition, den Ruf von Männern zu zerstören. Eine klassische Methode, die Täter-Opfer-Rollenverteilung umzukehren. Oder aber sexuelle Übergriffe werden als „Flirtversuche" gewertet, von Männern, die „aus einer anderen Zeit kommen". All diese Verharmlosungen isolieren Betroffene, die häufig nachhaltige Schäden und Verletzungen erleiden und viel Kraft dafür aufwenden müssen, sich immer wieder mit der eigenen Machtlosigkeit zu beschäftigen.

Es ist nun aber nicht nur das Verkennen der Tatbestände, sondern auch die tatsächliche Schuldumkehr, die bei diesem Thema immer wieder hervorsticht. Von den betroffenen Frauen wird erwartet, sehr viel Verantwortung für die Entstehung der Straftat auf sich zu nehmen. Oft kommen Fragen auf wie: Warum wurde in der Situation keine eindringliche Grenzziehung vorgenommen? Warum hat man den Arbeitsplatz nach dem erlebten Übergriff nicht gewechselt? Warum kommen die Anschuldigungen erst Jahre nach dem Vorfall? Das ist nicht nur ein Hohn für die Betroffenen, sondern auch eine hochgradige Banalisierung der Thematik. Demnach wird es als verdächtig oder als eigene Schuld angesehen, wenn man sich nach einem Übergriff zurückzieht, Angst hat, den Täter zu konfrontieren, weil man sein familiäres oder berufliches Umfeld verlieren würde – wenn er, wie in den meisten Fällen, aus dem direkten Nahbereich kommt – oder erst einmal alles verdrängen und vergessen möchte. Was nicht Teil der Debatte ist:

Viele Frauen sind nach derartigen Vorfällen einem starken Gefühl der sozialen Isolation ausgesetzt, gepaart mit großer Scham und Verunsicherung. Statt Empathie stoßen einige auch noch auf Verantwortungszuweisung und Täterschutz: Wäre der Übergriff denn vielleicht nicht doch vermeidbar gewesen? Etwa durch mehr Vorsicht und Umsicht und Zurückhaltung – natürlich von Seiten der Frau.

Opfer werden ist vermeidbar

Es herrscht immer noch unzureichendes Bewusstsein und Interesse daran, wie tiefgreifend die potenzielle Belästigung durch Männer das Leben von Freundinnen, Kolleginnen oder Familienmitgliedern beeinflusst. Viele Frauen richten ihren Alltag nach der potenziellen Bedrohung durch Männer aus und setzen täglich Maßnahmen, um sich vor Übergriffen zu schützen: beim in der Nacht alleine nach Hause gehen so tun, als würde man telefonieren, eine Zigarette oder den Schlüssel als mögliche Verteidigung bereit halten, die Musik in den Kopfhörern sehr leise stellen, um die Umgebung noch wahrnehmen zu können, nur auf beleuchteten Plätzen parken – die Liste ist endlos.

Auch in der Stadtentwicklung ist praktisch überall die Gefahr lauernder Übergriffe auf Frauen durch Männer in die Agenda integriert worden. Das geht so weit, dass bei Wohnbau- und Stadtplanung „gendersensible" Kriterien berücksichtigt werden. Zu den offiziellen Planungsempfehlungen zur geschlechtssensiblen Gestaltung von öffentlichen Parkanlagen und Gebäuden zählt etwa das Ermöglichen von sozialer Kontrolle, wie z.B. durch gut einsehbare Parks oder verglaste Stiegenhäuser in Wohnanlagen. In anderen Worten: die architektonische Vermeidung dunkler Ecken und nicht einsehbarer Gebäudeteile, in denen sich Frauen unsicher fühlen müssen. Dunkle Ecken sind ja an sich nichts Schlimmes. Es ist vielmehr die immer noch als unveränderbar geltende Tatsache, dass Männer sie nutzen könnten, um Frauen gegenüber aufdringlich zu werden, die die dunklen Ecken zu Gefahrenzonen macht und daher bereits in der Planung zu vermeiden sind.

Ebenso gibt es immer neue Produkte und Innovationen, um möglichen Vergewaltigungen vorzubeugen. Das allbekannte Pfefferspray, ein Nagellack, der durch das Eintauchen in ein Getränk vor K.O.-Tropfen warnen kann, indem er seine Farbe ändert, oder die Safe-Shorts. Letztere verfügen über ein besonderes Schnürsystem mit Schloss, was ein schnelles Herunterreißen der Hose verhindert. Im Schritt sind sie durch einen schneid- und reißfesten Protektor verstärkt, zusätzlich gibt es einen bis zu 130 Dezibel lauten Alarm, der beim Reißen an den Schnüren ausgelöst wird. Amanda Hess, Autorin des US-Online-Magazins Slate, schreibt dazu mit bissiger Ironie: „Der bequeme, elegante Keuschheitsgürtel für das moderne Vergewaltigungs-Opfer" und „Nie fühlt sich eine Frau wohler in ihrem Körper, als wenn sie permanent physisch daran erinnert wird, dass man von ihr erwartet, dass sie ihre Genitalien zu jeder Zeit vor möglichen sexuellen Übergriffen schützt."[62] Mit all diesen Produkten wird der Mythos bestätigt und weitergetragen, dass die meisten Vergewaltigungen von einem bösen Fremden begangen werden, der im Schatten lauert und bereit ist, sich auf Frauen zu stürzen, die „sich in eine gefährliche Situation gebracht haben". Statistisch betrachtet findet die überwiegende Mehrheit an Vergewaltigungen im näheren Umfeld statt, ausgeübt von Personen, die das Opfer kennt. Und Opfer sind nicht nur Frauen, sondern auch Männer oder Kinder.

Es stellt sich die eindringliche Frage: Warum leben wir immer noch in einer Welt, in der es allein die Aufgabe der Frau ist, nicht vergewaltigt zu werden? Warum liegt der Fokus in einem derartigen Übermaß auf den Pflichten der „Opfer"? Wie kommt es dazu, dass die Täterrolle im Gegenzug kaum thematisiert wird?

Täter-Opfer-Umkehr in der Sprache

Einer der Gründe dafür liegt an den Ebenen des Satzbaus. Die Art und Weise, wie wir Sprache benutzen, strukturiert, wie wir denken. Unsere Wahrnehmung ist darauf ausgelegt, Fragen zuerst über Frauen und ihre Entscheidungen zu stellen. Die Linguistin Julia Penelope demonstrierte das anhand einer Übung: „Martin hat Lisa sexuell belästigt". In dieser einfachen Satzkonstruktion ist Martin das Subjekt und Lisa das Objekt. „Lisa wurde von Martin sexuell belästigt." verlagert hingegen den Fokus auf Lisa, Martin steht näher am Ende des Satzes und damit weiter weg von unserem Fokus. In der dritten Satzkonstruktion – „Lisa wurde sexuell belästigt" – wird Martin ganz weggelassen und es geht nur mehr um Lisa. Die Leidtragende ist im Fokus, der Täter bleibt unsichtbar. Der letzte Satz der Sequenz lautet „Lisa ist ein Opfer sexueller Belästigung". Nun wird also Lisas Identität dadurch definiert, was Martin ihr angetan hat. Dieser hat sich aus der Satzkonstruktion bereits verabschiedet. Damit stellen sich unbewusst folgende Fragen: Warum wurde sie sexuell belästigt? Warum hat sie den Belästiger nicht in die Schranken gewiesen? Warum geht sie überhaupt mit solchen Männern aus? Warum hat sie so viel getrunken? Fragen wie diese reproduzieren den herrschenden Status quo und tragen wenig zur langfristigen Prävention bei.

Integriert man den Täter in die Satzkonstruktion und macht ihn zum Subjekt – „Martin hat Lisa sexuell belästigt" –, werden die Fragen auf ihn gelenkt und kognitiv naheliegender. Warum hat Martin Lisa sexuell belästigt? Warum hat Martin das Bedürfnis nach einer sexualisierten Machtdemonstration? Und darauf aufbauend: Warum finden so viele körperliche, emotionale und verbale Übergriffe von Männern gegenüber Frauen und Mädchen, wie auch gegenüber Männern und Buben statt? Welche Rolle spielen Institutionen dabei, derartige Verhaltensweisen zu produzieren? Der Fokus der Debatte verlagert sich dann weg von Frauen als Erlebende hin zu Männern als Ausübende, als sichtbare Subjekte und Akteure. Denn es geht hier nicht um einzelne Täter, sondern um ein gesellschaftliches Problem, das den Alltag vieler Frauen strukturiert.

Damit würden wir näher zum Kern der Problematik kommen und über die Ursachen von Gewalt gegen Frauen diskutieren, statt über die Abmilderung möglicher Ausprägungen zu reden, wie den Ausbau von Überwachung oder die Verschärfung des Strafausmaßes. Die Auseinandersetzung mit diesem Thema ist zwar schwierig, da viele die Diskussion schnell mit der rhetorischen Schablone „Frau gegen Mann“ abwehren oder ein stellvertretendes Schuldbewusstsein vonseiten vieler Männer entsteht – aber das Ziel der Debatte, ein grundsätzliches Verantwortungsbewusstsein hervorzurufen, bleibt umso erstrebenswerter. Hinzu kommt, dass Männer, die sich in Männergruppen offen gegen Sexismus bekennen, oft als Weicheier oder humorlos bezeichnet werden, obwohl sie mehr Selbstvertrauen und Selbstsicherheit aufweisen als jene, die weiter mit dem Strom der Klischees vom Urtrieb und der männlichen Raubtiernatur schwimmen.

Insgesamt zeigt sich: Die Täter-Opfer-Umkehr ist im Bereich Kriminalität besonders bei sexuellen Übergriffen stark verankert. Für Betroffene kann das verheerende Folgen haben. Denn dass Frauen daran zumindest mitschuldig sind, hat sich auch fest in deren Bewusstsein gegraben. Wenn die Intimität, die Integrität von Körper und Geist verletzt wird, kann das zu persönlichen Versagensängsten und Schuldgefühlen führen, zu einer Unsicherheit, ob man dem eigenen Verstand noch trauen kann. Man fühlt sich schmutzig und beschämt, wütend, „sich in so eine Situation gebracht zu haben“, und betreibt Victim-Blaming an sich selbst. So werden viele Verletzungen im Stillen davongetragen.

Deshalb ist es an der Zeit, körperliche und seelische Unversehrtheit nicht mehr als Privileg zu verhandeln, auf das man aufpassen muss, da man sonst die Quittung präsentiert bekommt. Stattdessen sollte der Fokus auf die Ausübenden gelegt werden. Sie sollten sozial sanktioniert werden, nicht jene, deren Grenzen ungefragt überschritten wurden. Und an sie sollten sich auch die allgegenwärtigen Präventionstipps richten, z.B. „Wenn du eine Frau alleine auf der Straße siehst, lass sie einfach in Ruhe“ oder „Wenn eine Frau betrunken ist, nutze das nicht aus, um sie für deine sexuellen Interessen zu benutzen“. Denn die einzige Person, die einen Übergriff mit Sicherheit verhindern kann, ist jene, die ihn durchführen will.

BioBox

KAPITEL 6: KONSUM

„Robin Hood kommt in die Stadt mit Café Latte in der Hand."

Michael K. Goodman

KAPITEL 6: KONSUM

Wir wollen viel, was wir eigentlich nicht brauchen, weder zum Überleben noch aus einem materialistischen Antrieb. Menschen bleiben nicht stehen bei den Grundbedürfnissen, sondern setzen Produkte zu dem sozialen Zweck ein, von anderen anerkannt und respektiert werden. Dass man an den Konsumausgaben erkennen soll, wer Geld hat, ist zuerst einmal banal. Aber das ist nicht die ganze Geschichte.

Konsum und soziale Schicht sind eng und vielfältig miteinander verknüpft. Viele Leute versuchen, durch symbolkräftige Produkte Zusatzprestige zu erwirken und von anderen als einer höheren sozialen Schicht zugehörig wahrgenommen zu werden: Konsum als Vehikel der Statuskommunikation. Die vielfältigen Ausdrucksformen des Statuskampfes mit Produkten, z.B. Marken als Botschaften, werden im ersten Kapitel illustriert. Dabei wird auch deutlich: Je erfolgreicher und finanziell unabhängiger jemand ist, desto mehr treten die klassischen Geltungssymbole in den Hintergrund, desto subtiler werden die Erkennungsmerkmale.

Doch es geht keineswegs immer nur darum, reine Begütertheit zur Schau zu tragen. Heute ist es auch der faire Produktlebenszyklus und die nachhaltige Art der Herstellung, die den Status des Produktes und der Konsument*innen begründen. Die Käufer*innen von Fairtrade-Kaffee, Bioprodukten oder Ökotourismus signalisieren ein gesellschaftliches Bewusstsein und eine Umwelt-Verantwortung, die mitunter zu einem moralischen Überlegenheitsgefühl führen. Das zweite Kapitel ist daher der verfeinerten Form der Distanzierung und des Prestiges gewidmet, in der ein bewusster Lebensstil zur überlegenen Konsumbotschaft wird.

GELTUNGSKONSUM – STATUSKAMPF MIT PRODUKTEN

„Man kann nicht nicht kommunizieren!" Dieses bekannte Axiom der Kommunikationstheorie von Paul Watzlawick, Janet Beavin und Don Jackson trifft auch auf Konsumgüter zu. Jedes Produkt ist ein Statement. Egal, ob Brille, die gewählte Speise im Restaurant oder der fahrbare Untersatz: Konsumentscheidungen markieren die gesellschaftliche Stellung, indem sie den eigenen Status bekräftigen oder erweitern. Viele Konsument*innen geben ihr Geld mit Vorliebe für Produkte aus, die der Abgrenzung vom „Bodensatz" der Gesellschaft dienen und die den höheren eigenen Status signalisieren sollen, vom Kaviar bis zur Luxus-Armbanduhr, um die plakativsten Beispiele zu nennen.

Ob ein Statussymbol andere Menschen tatsächlich beeindruckt, ist allerdings nicht immer eindeutig. Denn was als erstrebenswert gilt, ist je nach politischer Orientierung, Bildungsstand, Alter und Geschlecht unterschiedlich. In den oberen Schichten von Konsumkulturen ist nicht mehr Geld die entscheidende Prestigereferenz, sondern was wie konsumiert wird. Gebildete und besser bemittelte Milieus streben eine andere Art der Erfüllung an, die vordergründig geprägt ist von nichtmonetären Idealen und Vorstellungen über ein gutes Leben. Zeitsouveränität ist für ausgelastete Gutverdiener*innen mitunter das kostbarste aller Prestigegüter. Diese wird etwa durch leicht gebräunte Haut symbolisiert. War früher Blässe ein Zeichen dafür, nicht zum Proletariat zu gehören, nicht im Freien arbeiten zu müssen, so ist heute gesunde Bräune ein Symbol für Freizeit in der Sonne, außerhalb des Büros, für Wohlstand, Gesundheit und Schönheit. Generell beeindruckt man in hohen Etagen mit Understatement. In Jeans und Turnschuhen im Luxushotel einzuchecken, zeigt: Ich habe es nicht nötig, meinen Status darzustellen. Milliardenschwere Start-up-Unternehmer aus dem Silicon Valley hüllen sich in graue Kapuzenpullis und sind optisch nicht von ihren Praktikant*innen zu unterscheiden.

Je erfolgreicher und finanziell unabhängiger jemand ist, desto unwichtiger werden die klassischen Geltungssymbole, desto subtiler werden die Erkennungsmerkmale. Eher setzt man auf dezente Maßkleidung und rahmengenähte Schuhe als auf großflächige Logos und protzige Accessoires. „Stealth-Wealth" (heimlicher Wohlstand) manifestiert sich in teuren handgefertigten, oft puristischen Luxusgütern, die für Außenstehende als solche nicht oder kaum erkennbar sind. Den eigenen Reichtum auf auffällige Art und Weise nach außen zu tragen, gilt in den oberen Klassen als vulgär und kann für das eigene Image von Nachteil sein. Als Klaus Kleinfeld als neuer Siemens-Chef vorgestellt wurde, hatte die Presseabteilung ihm auf dem offiziellen Foto die Rolex vom Handgelenk wegretuschiert. Sie gab dem Manager in den Augen seiner Berater unfreiwillig das Image eines Aufsteigers, der es für nötig hält, glänzende Erfolgssymbole in die Kamera zu halten. Kein guter Start für die Top-Position in einem deutschen Top-Konzern, in dieser Bezugsgruppe sind subtilere Merkmale en vogue.

Nur neureiche Parvenus haben den Anspruch, ihre Mitbewerber*innen sichtbar materiell zu übertreffen, das größere Haus zu bauen, die schnelleren Autos zu fahren und exklusivere Urlaubsziele zu wählen, weil sie von der „besseren" Gesellschaft anerkannt werden möchten. Mit rauschenden Partys mit Prominenten versuchen sie, sich die Zugehörigkeit zur Gruppe der Reichen zu sichern und sich gleichzeitig von „den Anderen" abzugrenzen – jene Gruppe, aus der sie kommen und die sie hinter sich lassen möchten.

Klasse und Konsum

Nach dem Soziologen Pierre Bourdieu wird über die Symbolik bestimmter Konsumgüter ein sogenannter Distinktionseffekt erzielt, man erfüllt das Bedürfnis, sich von anderen abzugrenzen.[63] Bourdieus Theorie basiert auf empirischen Analysen der französischen Gesellschaft der 1960er-Jahre. Er sieht konkrete Geschmacksvorlieben – bezogen auf die Bereiche Kunst, Musik, Möbel, Essen, Trinken, oder Reisen – als Folge des jeweiligen sozialen Status. Die wichtigste Motivation ist der Wille zur Abgrenzung, insbesondere von sozial schlechter gestellten Personengruppen. Die oberen Schichten setzen die Standards für die jeweils als hochwertig geschätzten Lebensstile. Damit stellt der Konsum einen Mechanismus sozialer Ungleichheit dar. Das Konzept von Bourdieu schreibt dem Konsum eine klassenbildende Wirkung zu. So stehen Kaufverhalten, Konsumgewohnheiten und die soziale Lage von Personen in enger Beziehung zueinander. Die Konsum- und Freizeitsphäre ist dann entscheidend für die Reproduktion von Klassenstrukturen, denn dort werden ökonomische Unterschiede symbolisch übersetzt in Lebensstile.

Aber warum geben dann besonders wenig privilegierte Gruppen so viel Geld für Mobiltelefone und Autos aus? Mit Fragen wie diesen hat sich schon vor mehr als 100 Jahren der Ökonom und Soziologe Thorstein Veblen[64] beschäftigt. Er stellte die These auf, dass der Zeigewert von Dingen als unentbehrlicher empfunden werden kann als existenzielle leibliche Bedürfnisse. In erster Linie sollen nicht materielle Bedürfnisse befriedigt, sondern den anderen der Eindruck einer hohen oder erfolgreichen gesellschaftlichen Stellung vermittelt werden – wichtige sekundäre Funktionen von Mobiltelefonen und Autos in Elendsquartieren.

Auf Basis dieser These widmeten sich die Ökonomen Kerwin Kofi Charles und Erik Hurst vor einigen Jahren der Studie von Wohlstandsunterschieden zwischen Weißen und Schwarzen in Amerika. Sie kamen zu einer Erkenntnis, die sie so nicht erwartet hatten: Schwarze haben nicht nur ein kleineres Vermögen als Weiße mit einem vergleichbaren Einkommen, sie geben auch einen verhältnismäßig größeren Teil ihres Geldes für Autos aus. Gerade für Menschen mit schlechten Lebensperspektiven ist das Auto eine gute Möglichkeit, sich nach außen selbst darzustellen. Wer sich nicht über Leistungen im Beruf oder Sport definieren kann und einen geringen Selbstwert hat, für den ist das Auto eine Möglichkeit, wahrgenommen zu werden und sich zu positionieren.

Inzwischen haben Charles und Hurst, zusammen mit ihrem Kollegen Nikolai Roussanov von der Universität Pennsylvania, eine eingehende Analyse des Konsumverhaltens der verschiedenen ethnischen Gruppen in den Vereinigten Staaten vorgelegt.[65] Sie fanden heraus: Was auf den Vergleich zwischen den verschiedenen ethnischen Gruppen zutrifft, gilt auch innerhalb der Gruppen. Weiße, die weniger Geld haben und in einfachen Verhältnissen leben, geben relativ gesehen mehr Geld für Statussymbole aus als Weiße, die begütert sind und in einem wohlhabenden Umfeld wohnen. Der Erklärungsansatz der drei Ökonomen bezieht sich auf den sozialen Status der Konsument*innen. Menschen geht es vor allem darum, wie sich ihr Einkommen, ihr Konsum und ihr Wohlstand im Vergleich zu anderen Mitgliedern derselben Referenzgruppe verhalten. Teure Autos, Kleider und Schmuck dienen dem Zweck, anderen Personen in demselben Umfeld, beispielsweise im gleichen Stadtviertel, einen vergleichsweise größeren Wohlstand zu signalisieren. Interessant ist auch das Ergebnis, dass der Geltungskonsum umso höher ist, je jünger die Verbraucher*innen sind. Offenbar halten es ältere Menschen, und zwar unabhängig von ihrer ethnischen Zugehörigkeit, für weniger wichtig, ihren relativen Wohlstand nach außen zu dokumentieren. Die Ökonomen haben auch einen Zusammenhang zwischen dem Bildungsgrad und dem demonstrativen Konsum nachgewiesen: Mit höherer Bildung gibt man in geringerem Maße Geld dafür aus.

In marktwirtschaftlichen kapitalistischen Gesellschaften

kompensieren weniger privilegierte Gruppen ihr Gefühl mangelnder Anerkennung über den Konsum von Produkten, die Status symbolisieren sollen. Sie versuchen das, was ihnen fehlt, durch ein Prestigeobjekt zu simulieren. Hinter dem demonstrativen Konsum steht in der Regel ein Wertesystem, das davon ausgeht, dass das eigene Sozialprestige vor allem vom materiellen Lebensstandard abhängt.

In der ökonomischen Konsumtheorie ist das eine interessante Ausnahme vom Normalfall. Dieser geht davon aus, dass die Nachfrage steigt, wenn der Preis sinkt, und umgekehrt weniger gekauft wird, wenn ein Produkt teurer wird. Nun gibt es Konsumgüter, bei denen es paradoxerweise anders läuft, sie werden gerade deswegen gekauft, weil sie teuer sind und die Masse der Konsumenten sie sich nicht leisten kann: die Luxusgüter. Würde eine exklusive Markenarmbanduhr statt um 1.800 Euro plötzlich um 28 Euro angeboten, wäre mit einem Schlag der Prestigeeffekt der Marke weg und das Produkt vom Markt weitgehend verschwunden. In der Volkswirtschaftslehre wird dieses Phänomen „Vebleneffekt" bezeichnet, als Erklärung dafür, dass die Nachfragemenge nach Gütern auch dann steigen kann, wenn ihr Preis steigt – und nicht, wie es erwartbar wäre, wenn er fällt. Das heißt, Personen konsumieren bestimmte Produkte gerade wegen deren hoher Preise. Andere Güter werden auf Grund ihres geringen Preises als nicht exklusiv genug betrachtet. Konsum, einzig, um zu zeigen, dass man sich derartige Produkte leisten kann – der Traum für jeden Markenhersteller.

Coolness und das Statussymbol Sneakers

Die Neurowissenschafter Steven Quartz und Anette Asp beschreiben in ihrem Buch *Cool: How the Brain's Hidden Quest for Cool Drives Our Economy and Shapes Our World*, wie unser Streben nach Coolness und sozialem Status darüber entscheidet, wie wir Geld ausgeben und welche Dinge wir kaufen.[66] Sie untersuchten, wie Menschen Marken, Produkte und Status signalisierende Objekte wahrnehmen und fanden heraus, dass ein Teil des Gehirns beeinflusst wird, der als der „mediale präfrontale Kortex" bekannt ist. Das Gehirn verarbeitet hier Coolness in Bezug auf ihre Auswirkungen auf unsere soziale Identität. Personen kaufen Produkte, die reflektieren, wer sie sind und wie sie wollen, dass andere von ihnen denken. Sie tun dies, weil Konsum in die grundlegendsten sozialen Instinkte eingreift.

Die Menschen konkurrieren definitiv um den sozialen Status, und die Wirkung von statuserhöhenden Produkten verstärkt die Art und Weise, wie wir über uns selbst denken. Aber laut Quartz und Asp hören die traditionellen Erklärungsversuche bei der Idee auf, dass sie für den Zweck von Distinktion wetteifern und versuchen, sich gegenseitig zu übertreffen. Die neurowissenschaftliche Studie zeigt allerdings: Wir konkurrieren primär um Zugehörigkeit. Produkte tragen dazu bei, ein grundlegendes menschliches Bedürfnis zu erfüllen: von anderen (an)erkannt und respektiert zu werden. Konsumartikel sind im Grunde Erweiterungen unserer selbst, die widerspiegeln, wer wir sind oder sein wollen, mit wem wir uns verbinden wollen, welche Werte wir teilen. Das ist ein Grund, warum viele Menschen so besessen davon sind, von Prominenten verwendete Produkte nachzukaufen. Die großen Namen wecken Begehrlichkeit. Unsere Gehirne sehen sie als einflussreiche und mächtige potenzielle Sozialpartner, mit denen wir uns verbinden wollen. Wir ahmen den Lebensstil und die Konsumentscheidungen von Celebrities nach, um sie als wünschenswerte Allianz zu reflektieren. Und das wissen Marken im großen Stil zu nutzen.

Nehmen wir das Beispiel Sneakers. Hier haben sich die großen Firmen als Strategie zurechtgelegt, mit angesagten Musiker*innen zusammenzuarbeiten. Waren früher Sportler*innen bevorzugte Partner der Industrie, sind es heute eher Persönlichkeiten aus der Popkultur. Die Celebrities verleihen den neuen Kollektionen Aufmerksamkeit, Coolness und Hype. Rapstar Kanye West machte mit seinem Sneaker „Yeezy" Adidas wieder prestigerelevant. Puma hat mit der Pop-Ikone Rihanna das Label Fenty ins Leben gerufen, um dem verstaubten Image einen neuen Anstrich zu geben. Sänger Pharrell Williams arbeitete mit Chanel an einem Modell, das bereits ausverkauft war, bevor es auf dem Markt war.

Sneakers gelten als die neuen Statussymbole. Seltene Modelle sind so hoch im Kurs, dass ihre Wiederverkaufspreise alle bisherigen Vorstellungen übersteigen. Interessierte Käufer*innen finden sie auf online Marktplätzen wie Ebay oder StockX, bekannt als „der weltweit erste Sneaker-Aktienmarkt". Dort können Sneakerbegeisterte den Wiederverkaufswert von Schuhen im Auge behalten. Mitglieder erstellen Portfolios, in denen jedes erworbene Paar aufgelistet ist. Basierend auf dem jeweiligen Wiederverkaufswert der Sammlung generiert die Website dann das Potenzial, das auf dem Sekundärschuhmarkt liegt – ein globaler Wirtschaftszweig im Wert von mehr als 1 Milliarde US-Dollar. Das Modell „Jordan 1 Retro High Off-White Chicago" gab es 2017 für 190 Dollar am regulären Markt zu kaufen. Hat man ein Paar ergattert, ohne es zu tragen, so bekommt man dafür heute bis zu 2.750 Dollar. Es zeigt sich: Sneakers dienen nicht nur zur Repräsentation des eigenen Status, sondern auch als Wertanlage. Liebhaber*innen gelten allerdings als stilvoller als rein finanziell orientierte Anleger*innen, wie bei allen kultischen Sammelobjekten.

Das Begehren wird nicht nur durch Prominenz, sondern auch durch künstliche Verknappung gesteigert. Vor nicht allzu langer Zeit sah man junge Menschen bereits Tage vor einem Sneaker-Release vor den Geschäften campen, um ein angekündigtes Modell zu ergattern. Inzwischen ist es hinfällig geworden, für einen Turnschuh im Freien zu übernachten. Denn um Chaos und Massenpanik vor den Geschäften zu verhindern, werden mittlerweile nur noch „Raffles" veranstaltet, eine Art Verlosung, bei der man sich vorab per Mail anmelden muss, um als Gewinner*in einer Kaufgelegenheit gezogen zu werden. Insider wissen allerdings, dass die meisten Paare vorab an Freund*innen und Stammkund*innen verkauft werden, sodass nur wenige Exemplare dem gewöhnlichen Kunden in die Hände fallen. Damit repräsentiert der Schuh noch einen weiteren Statusaspekt: den der gut vernetzten Konsument*innen. Man kennt eben die richtigen Leute und zählt sich zu einer exklusiven Gruppe von Gleichgesinnten.

Attraktivität und Beziehungen

Auch wenn es um Intimbeziehungen geht, spielt Konsum eine übergeordnete Rolle. Während Männer im Wettbewerb um eine potenzielle Partnerin eher Geltungskonsum an den Tag legen, um ihren Wert zu zeigen, kaufen Frauen im Wettbewerb um einen Mann eher attraktivitätssteigernde Luxusprodukte. Zwar werden Brustimplantat-Chirurgie oder Dessous in Zeitschriftenkolumnen, Erfahrungsberichten oder Werbungen als autonome „persönliche Entscheidungen" präsentiert, die Frauen dazu bringen, sich selbst „zu erfreuen", und Investitionen in den Frauenkörper als Befreiung dargestellt.[67] Die bezahlte Annäherung der weiblichen Figur an das weiße, haarlose, schlanke, vollbusige und hellbronze getönte Ideal aber einfach als „persönliche Entscheidung" zu betrachten, missachtet die kommerziellen Kräfte und den kulturellen Druck, die dieser Entscheidung zugrunde liegen.[68] Denn solche Ausgaben werden getätigt, um selbst jene Frauenkörper darzustellen, die in Massenmedien als attraktiv porträtiert werden.

Das beginnt schon sehr früh. Mädchen werden sozialisiert, Zeit und Geld in Make-up, Kleidung, Schönheit zu investieren und männliche Anerkennung zu suchen, anstatt nach politischem und wirtschaftlichem Einfluss zu streben. Diese Form der Repräsentation von Weiblichkeit verherrlicht patriarchale und konsumorientierte Ideologien. Wie die Medienpädagogin Jean Kilbourne betont: Werbung verkauft viel mehr als Produkte. Sie verkauft Werte, Bilder und Konzepte von Liebe und Sexualität,

Romantik, Erfolg und – vielleicht am wichtigsten – Normalität. Zu einem großen Teil sagt sie uns, wer wir sind und wer wir sein sollten.[69] Dasselbe gilt für Unterhaltungsmedien wie Serien, Filme oder Jugendromane. Sie alle vermitteln ideologischen Inhalt und haben Auswirkungen darauf, wie sich junge Frauen – aber auch Männer – als Subjekte in ihrem eigenen Leben definieren. Und es ist offenkundig, dass sie eine bestimmte Art von kommerzialisierter, heterosexueller Weiblichkeit verherrlichen und verstärken – und damit alle Arten von Abweichungen und Nichtentsprechungen abwerten.

Die Kommunikationswissenschafterin Naomi Johnson beschäftigte sich im Rahmen einer Studie mit der Frage, wie Erzählungen in Jugendromanen den Konsum kommerzieller Produkte und Dienstleistungen mit kulturellen Normen der Weiblichkeit verbinden.[70] Die Forschung untersucht den Zusammenhang zwischen dem Konsum von Markenartikeln und Weiblichkeit in den drei meistverkauften Teenie-Serien: *Gossip Girl*, *A-List* und *The Clique*.[71] Das Schlüsselergebnis ihrer Analyse ist, dass Konsum – in Form von bestimmten Marken und Produktlinien – mit der romantischen und sexuellen Erwünschtheit der Protagonistinnen zusammenhängt. Kleidung und Kosmetik werden in Szenen wichtiger und alltäglicher Interaktionen der drei Buchserien akribisch beschrieben. Die Protagonistinnen benutzen Markenkleidung und Kosmetika als Wettbewerbsvorteil gegenüber anderen Mädchen, um die Aufmerksamkeit ihres Schwarms zu gewinnen. Auf Basis ihrer Outfits bewerten sie sich gegenseitig auf einer Skala von 1 bis 10, freuen sich insgeheim, wenn sie sich attraktiver als Mitkonkurrentinnen fühlen, die markenlose Sandalen tragen, und bedanken sich bei Gott für Spray Tans, also Selbstbräuner, die ihrer Haut einen Bronze-Teint verleihen.

Johnson argumentiert, dass dies ein begrenztes und einschränkendes Verständnis von Weiblichkeit vermittelt, von dem überwiegend Modelabels und Händler*innen profitieren, junge Leserinnen allerdings nicht. Besonders finanziell weniger kaufkräftige Mädchen werden benachteiligt, sowie jene, die nicht den eng gefassten Schönheitsstandards entsprechen. Romantische Fiktionen, Frauenmagazine und Werbungen verstärken nicht nur das gängige Modell von Schönheit, sondern definieren auch, wer der Liebe und einer unbescholtenen Existenz würdig ist. Als das schwedische Model Arvida Byström ihre unrasierten Beine in einer Werbe-Kampagne zeigte, erhielt sie online Tiraden an Hasskommentaren bis hin zu Vergewaltigungsdrohungen. Wenn der natürliche Frauenkörper zum Tabu wird, freut sich der Konsumkapitalismus.

Im Gegenzug werden junge Frauen, die das aktuell vorgegebene Standard-Schönheitsideal zu verkörpern mögen, zum Statussymbol schlechthin. Manager buchen Escortfrauen für gesellschaftliche Termine, um männliche Geschäftskontakte zu beeindrucken, reiche Männer tauschen ihren Statuswert gegen den Schönheitswert einer hübschen Dame („Trophy Wife"). Die Funktion jener Frauen ist es, die eigene finanzielle Potenz auszustellen. Soziologin Eva Illouz spricht in diesem Kontext von der „Warenhaftigkeit" (commodification) des Selbsts. Als Luxusobjekt gleichen sich Frauen den Waren an. Illouz vertritt zudem die These, dass Romantik selbst zu einem kommerziellen Produkt geworden ist.[72] Um dem Leben einen romantischen Glanz zu verleihen, werden teure Waren und Dienstleistungen aktiv konsumiert, die eine heilige, romantische Aura symbolisieren sollen, wie ein Candle Light Dinner in einem luxuriösen Restaurant, ein Wochenende in einer exklusiven Therme oder ein kostenintensives Schmuckgeschenk. Geld und das Verfügen über Freizeit sind ein zentraler Bestandteil romantischer Begegnungen.

Egal, ob flache Sportwagen, Handtaschen, Fernreisen oder der eigene Körper: Konsum kommuniziert den (gewünschten) gesellschaftlichen Status, grenzt ab, hebt empor über die Masse der durchschnittlichen Anderen. Ziel ist es, Ungleichheiten zu schaffen oder zu verstärken, zur besseren Gesellschaft zu gehören. Weigert man sich sein Geld in bestimmte Konsumgüter zu investieren, ist man dem Risiko der Abwertung, Chancenminderung bis hin zur Ausgrenzung von laufbahnrelevanten Netzwerken ausgesetzt. Konsum ist also nicht immer eine freie Entscheidung, sondern kann in vielen Bereichen zum gesellschaftlichen Zwang werden, wie am Beispiel des weiblichen Körpers zu sehen ist. Dabei werden immer neue Problemzonen erfunden, um möglichst viel Kapital zu schlagen, wie etwa kleine Fettdepots im Bereich der Achseln, genannt „Achselflop" oder „Pralinentaschen", oder unschön definierte „schlaffe Knie". Durch die derartige Geschwindigkeit an neuen Konsumtrends, die zu Standards erhoben werden, ist es immer schwieriger darüber up-to-date zu sein, ob der eigene Körper und die Art, wie er verpackt ist, eigentlich anderen noch zumutbar ist oder nicht.

DAS MORALISCHE ÜBERLEGENHEITSGEFÜHL

Der Historiker Jason Tebbe veröffentlichte 2016 im US-amerikanischen Magazin *Jacobin* einen Artikel mit dem Titel „Twenty-First Century Victorians".[73] Sein Argument: Die Bourgeoisie des 19. Jahrhunderts benutzte Moral, um Klassenherrschaft durchzusetzen – und das tun Eliten heute noch genauso. Damals wie heute glaubt das Bürgertum, gegenüber anderen Klassen einen Platz der moralischen Überlegenheit einzunehmen. Zum Beispiel, wenn es um Ernährung geht. Bio-Produkte haben sich von einem belächelten Randphänomen für Sandalenträger zur ostentativen ethischen Notwendigkeit entwickelt. Wer sich und der Umwelt sichtbar Gutes tun möchte, kauft Bio, engagiert sich in Nachbarschafts- und Gemeinschaftsgärten und betreibt Urban Gardening oder City Farming. Selbst für „glutenfreies" Essen findet man mittlerweile in fast jedem Supermarkt ein eigenes Regal.

Während die Bourgeoisie des 19. Jahrhunderts wohlgenährte Körperformen nicht als Peinlichkeit sah, die es zu beseitigen galt, sondern als beruhigende Zeichen ihres Wohlstands, sind ihre spirituellen Nachkommen davon besessen, richtig und gesund zu essen. Da sich die Preise der Nahrungsmittel gegen früher umgekehrt haben, Kalorienbomben billiger und leichtes Gemüse teurer geworden sind, hat sich Fettleibigkeit von einem Zeichen des Reichtums zu einem Zeichen für Billigessen und moralisches Versagen gewandelt. Tebbe vertritt die Ansicht, dass die neue Ernährungsdisziplin eine Form der tugendhaften Selbstverleugnung ist, die die Viktorianer stolz gemacht hätte. „Wenn nur meine Großeltern lange genug gelebt hätten, um zu erkennen, dass der Anbau eigener Kartoffeln und Gurken sie zur Spitzenklasse machte, nicht zu Hinterwäldlern.", schreibt der Historiker im Artikel.

Es ist kein Zufall, dass diese neuen Erwartungen an den Lebensstil Geld und Zeit erfordern. Auch im moralischen Imperativ, der heute mit dem Stillen der eigenen Nachkommenschaft verbunden ist, zeigt sich die symbolische Markierung bürgerlicher Werte. Diese Forderung ermöglicht es, arbeitende Mütter, die weniger Möglichkeiten zum Stillen haben, als moralische Misserfolge zu beurteilen. Die Fähigkeit, Säuglingen diese Art der frühkindlichen Ernährung zu bieten, wird zum Spiegelbild der Moral einer Familie – und nicht ihrer wirtschaftlichen Situation. Natürlich ist eine bewusste Ernährung nicht von Natur aus schlecht. Sie wird allerdings dazu verwendet, die Überlegenheit einer Klasse gegenüber einer anderen auszudrücken und soziale Ungleichheit zu rechtfertigen.

Das zeigt sich etwa in einem Interview mit der Kristallerbin Fiona Swarovski im Jahr 2008, in dem die Millionärin Spar-Tipps für einkommensschwache Menschen in Krisenzeiten – damals die aktuelle Wirtschaftskrise – gab: Wenn sie genug Platz auf ihren Terrassen haben, könnten sie dort Gemüse wachsen lassen. Dass die wenigsten von Armut betroffenen Personen eine Terrasse zur Verfügung haben, fand keinen Eingang in diese Überlegungen. Sie haben kein Brot? Sollen sie doch Kuchen essen! Wobei in dem Fall vielleicht lieber ein selbstgebackenes Brot. Denn später ergänzte Frau Swarovski: Auch indem man gesunde Nahrung kauft und den ganzen Junk weglässt, kann man Geld sparen. Sie selbst beziehe seit vielen Jahren Eier und Milch vom Biobauern, habe eine Getreidemühle und backe ihr eigenes Brot. Eine eher nachgeordnete Rolle bei dieser Empfehlung spielte wohl die Tatsache, dass sich das eine Arbeiterin weder zeitlich noch finanziell leisten kann. Aber guter Rat ist eben teuer.[74]

Ich kaufe, also bin ich nachhaltig

Wenn vom Thema „Nachhaltigkeit“ die Rede ist, dann meist nicht mit der Einladung oder Aufforderung zu Zurückhaltung und Verzicht, sondern überwiegend im Kontext von Konsum. Die vermeintlich einfache Lösung für ein komplexes globales Problem lautet, sich individuell für nachhaltige Produkte oder Dienstleistungen zu entscheiden. Unsere täglichen Einkaufspraktiken werden zunehmend als Gelegenheiten für ethische Konsumentscheidungen vermarktet. Ethik ist selbst zum Konsumartikel geworden. Das Wort ethisch, auch bekannt als „cruelty free" oder „green", lässt sich selbst wohltuend und kostenwirksam konsumieren. Produkte dienen dann nicht nur dazu, einen Bedarf zu erfüllen, einen empfundenen Mangel zu beheben oder sich zu belohnen, sondern in erster Linie dazu, um sich als moralisch guter Mensch zu fühlen. Oder in den Worten Michael K. Goodmans, Professor für Umwelt und Entwicklung an der University of Reading: „Robin Hood comes to town, latté in hand."[75] Eine erfolgreiche Vertriebs- und Absatzstrategie lässt die Produkte selbst suggerieren, dass sie uns zu nachhaltigen Konsument*innen machen. Damit kann Kokosnussöl in kleinen designten Schraubgläsern um ein Vielfaches verkauft werden. Nährstoffreiche Lebensmittel wie Kakao zum „Superfood" zu erheben, ist besonders wirksam – ein reiner Marketingbegriff, um deutlich höhere Preise verlangen zu können. Das Feelgood-Bedürfnis statusbewusster Konsument*innen verhilft zu einer Extra-Handelsspanne.

In der Reisebranche heißt der neue Wachstumsmarkt Ökotourismus: Verantwortungsbewusstes Reisen, das die Umwelt schützt und im besten Fall noch eine Spende an ein gemeinnütziges Projekt vor Ort inkludiert. Menschen, die sich selbst als „Traveller" bezeichnen, fahren in entlegene Ecken der Welt und haben das gute Gewissen im Handgepäck. Der Flug wird in der Umwelt-Bilanz ausgespart, sonst müsste man erkennen, dass sich eine pauschale Erlebnisreise nach Mallorca weitaus besser auf den ökologischen Fußabdruck auswirkt als der so genannte „sanfte Tourismus" in Sri Lanka oder Myanmar. Vor Ort erlauben einem dann Öko-Lodges mit Vier-Sterne-Baumhäusern, den Urlaub ohne Schuldgefühle zu genießen. Mit im Gepäck sind die neu gekauften fair produzierten Laufschuhe, die mit dem Slogan „Laufen und Meere schützen" beworben werden und von denen selbst die Stiftung Warentest behauptet: „Das richtige Paar finden – und dabei ein gutes Gewissen haben".

Die ausgefeilten Mechanismen von Markt, Vertrieb, Marketing und Werbung funktionieren natürlich auch im Bereich Nachhaltigkeit. Die verheißungsvolle Konsumwelt weckt ein ständiges Begehren. Mit immer neuen Reizen können Menschen, die eigentlich schon alles haben, noch zum Kauf von ökologischen Produkten animiert werden. Indem sich Menschen für grüne Konsumgüter und Dienstleistungen entscheiden, dienen sie zweierlei Zwecken: dem individuellen Ziel, den Planeten zu retten, und dem Absatz und Wachstum von Unternehmen. Ein fair produziertes Smartphone oder einen aus Plastikflaschen recycelten Rucksack zu kaufen, entspringt der Idee, dass man Konsumgüter intensiver konsumieren und guten Gewissens genießen könne. Dabei wird aber meist nur die Umweltauswirkung der Produktherstellung referenziert. Der gänzliche Verzicht auf den Konsum, auf das Produkt wäre die eigentliche Freiheit und zudem weitaus nachhaltiger. Doch das ist marktunfreundlich, nicht gut für das Geschäft, und es bringt wenig für die Selbsterhöhung der konsumorientierten besseren Gesellschaft.

Neben dem Verzicht könnte man auch andere Strategien anwenden, die allerdings weniger der moralischen Distinktion dienen. Statt einen neuen Bio-Baumwolle-Pullover („organic cotton") von einem kleinen angesagten Label in Kopenhagen zu kaufen, wäre es ökologisch nachhaltiger, einen Second-Hand-Pullover von einem Fast-Fashion-Discounter zu erwerben und damit Textilmüll zu reduzieren. Doch auch hier gilt, dass die Signalwirkung auf andere eine übergeordnete Rolle spielt: Mit Fast Fashion assoziiert zu werden, würde der ethischen Selbstdarstellung schaden. Das herzeigbare Kaufmotiv geht weg von „Ich tue mir etwas Gutes" und hin zu „Ich tue anderen etwas Gutes".

Noch einen Schritt weiter symbolisiert Dumpstern ein Bewusstsein für den verantwortungsbewussten Umgang mit Lebensmitteln, indem weggeworfene Lebensmittel aus Containern von Supermärkten gerettet und konsumiert werden. Das schlägt sich zwar positiv auf die eigene Haushaltskasse nieder, ein nachhaltigeres System der Lebensmittelerzeugung wird dadurch allerdings nicht herbeigeführt. Und auch hier ist nichts zu erwarten für die Statuspflege: Ein Bypass um den Konsumgütermarkt herum bringt genauso viel wie die Askese selbst, nämlich kein Gefühl der wohltätigen Unterstützung. Im Gegensatz dazu kann man mit dem nachhaltigen Zero-Waste-Trend, indem man auf Märkten einkaufen geht, sich eine Biokiste vor die Haustür liefern lässt oder verpackungsfreie Shops in gentrifizierten Bezirken aufsucht, durchaus Statuspunkte einsammeln, zumindest in der urbanen Ökoszene.

Die Soziolog*innen Matthew Adams und Jayne Raisborough interpretieren den Konsum von FairTrade-Produkten als Versuch der Mittelschichten, ihr schlechtes Gewissen als Globalisierungsgewinner*innen abzumildern. Dies funktioniere, weil die fotografisch inszenierten FairTrade-Bauern aus der so genannten Dritten Welt auf Produktverpackungen und in der Werbung als „deserving poor" dargestellt würden, die ihre Armut nicht selbst verschuldet und daher Hilfe verdient hätten. Die Armutsbetroffenen im eigenen Land werde hingegen von der Mittelschicht als „undeserving poor" konzipiert.[76] Und gegenüber dieser Gruppe – den ethisch verwerflichen Konsument*innen – kann man als moralisch handelnde Person dastehen.

Die neuen Statussymbole des urbanen Bürgertums

Um moralische Überlegenheit zu performen, ist der Einsatz von Zeit und Geld gefragt. Statt einem reinrassigen Schäferhund von einem angesehenen Züchter holt man sich heute einen zerzausten Straßenhund aus Moldawien. „Adopt, don't shop" lautet das

Paradigma. Die Zeit, die es braucht, um Vertrauen zu dem Tier aufzubauen, und das Geld, das in die Tierarztrechnungen investiert wird, verdeutlichen anderen: Dieses Tier ist es mir wert und ich leiste mir das, obwohl mich niemand darum beneiden wird. Das ist echter Status.

Zwar ist Prestige in der Selbstwahrnehmung der technologieaffinen und freiheitsliebenden urbanen Bevölkerung nicht mehr so wichtig und sie strebt vor allem nach Work-Life-Balance – auf wichtige Geschäftsreisen oder eine teure Uhr wird nicht wertgelegt. Doch das Prestige manifestiert sich für sie einfach anders. Während man in einem Milieu mit einem Sportwagen punkten kann, sind für junge, gebildete Großstädter Fahrräder die neuen Statussymbole. Die Zweiräder werden zu Vorzeigeobjekten, die den Besitzer*innen anerkennende Blicke zukommen lassen und ein Image als sportlich, hip oder vermögend geben. Ein speziell gefertigter Rahmen aus Carbon, moderner Elektroantrieb – die Geldbörse kann nicht tief genug sein, um der Masse die eigene Position in der gesellschaftlichen Hierarchie zu vermitteln. Neben dem Fahrrad hat auch berufliche Unabhängigkeit eine Prestigefunktion, sowie ein sichtbar nachhaltiger Lebensstil und eine hohe Lebensqualität, die sich über vorhandene Zeit und Entschleunigung manifestiert. Ganz so ist es also nicht, dass das eigene Ansehen und der anerkennende Blick von außen nicht wichtig wären. Auch andere immaterielle Dinge, wie außergewöhnliche Erfahrungen, interessante Freund*innen und eine demonstrative Haltung von kultureller Offenheit und Toleranz zählen dazu.

Ein weiteres Statussymbol der urbanen Mittelschicht ist der Fleischverzicht. Auf Grund der Vielzahl an Medienberichten, Blogs, Büchern, Youtube-Channels und Menschen, die öffentlich von ihrem pflanzenbasierten Lebensstil berichten, kann man den Eindruck bekommen, die Mehrheit der Bevölkerung isst bereits vegan. Laut dem Ernährungssoziologen Daniel Kofahl ist es allerdings nur eine Minderheit, die einen veganen Ernährungsstil pflegt – allerdings hat diese eine starke mediale Präsenz. Im ländlichen Raum findet dieses Thema kaum Anklang, weder auf der Speisekarte noch beim Greissler. Und selbst im urbanen Milieu wird Vieles bloß mit dem Label vegan versehen und damit scheinbar auf eine neue Konsumstufe gehoben. Aß man früher noch Spaghetti mit Tomatensoße, ist das heute ein veganer Snack. Es geht um Verpackung und Labels. Grundgedanken des Veganismus sind Umweltschutz und Verminderung von Tierleid - ein sehr starker moralischer Imperativ. Doch diese moralische Überlegenheit ist wie gesagt kein Alleinstellungsmerkmal. Nicht nur bei Veganer*innen, sondern insgesamt ist Essen ein Statussymbol und Unterscheidungsmerkmal geworden, egal ob man Fleisch isst oder sich nach dem ayurvedischen Prinzip ernährt. Der heutige Ernährungsdiskurs hat heute mitunter quasi-religiöse Aspekte integriert.

Umweltschutz als Privileg?

Auch auf globaler Ebene zeigen sich deutlich Ungleichheiten in Bezug auf Nachhaltigkeit. Weltweit betrachtet ist es für Nationen ein Privileg, sich nicht für Umweltschutz entscheiden zu müssen. Westliche Länder sind von den Auswirkungen ihres zügellosen Ressourcenverbrauchs und Lebensstils kaum betroffen. Umweltprobleme treffen diejenigen am meisten, die am wenigsten dazu beigetragen haben. Das betrifft zum Beispiel Wohlstandsmüll: Länder wie Deutschland verfrachten ihren Elektroschrott auf Mülldeponien in Ghana. Die Chemikalien der ausrangierten Geräte vergiften die umliegenden Bewohner, die die krebserregenden Gifte einatmen und die Fische vor der Küste Accras. Aber nicht nur im globalen Nord-Ost-Gefälle, sondern auch innerhalb von nationalen Gesellschaften sind weniger Privilegierte stärker von den Auswirkungen von Umweltschäden betroffen. Armutsgefährdete in der Stadt leben zu höheren Anteilen in Gebieten mit hoher Schadstoffbelastung, Verkehrslärm und Hitzeinseln.[77]

Auf persönlicher Ebene ist Umweltschutz allerdings ein Privileg. „Erst kommt das Fressen, dann die Moral", sagte schon Bertolt Brecht. Einen nachhaltig geprägten Lebensstil muss man sich erstmal leisten können. Und manche haben bessere Voraussetzungen dafür, sich als moralische Persönlichkeiten zu qualifizieren als andere. Die Ausrichtung des Alltags nach ökologischen Kriterien erfordert konstante Selbstbildung und eine permanente Auseinandersetzung mit den eigenen Überzeugungen. Sind aus Asien importierte Bambus-Zahnbürsten ressourcenschonender als lokal produzierte aus Plastik? Verursacht der Kauf von Sojaprodukten tatsächlich die Rodung des Urwaldes? Auch deshalb geht mit Bio-Konsum ein wissendes Überlegenheitsgefühl einher. Ob man will oder nicht, wird man auf andere Menschen herabblicken, die beim Discounter Billigkaffee kaufen, der agrarindustriell produziert wurde. Jemand, der vielleicht einfach nur weniger Geld hat, weniger Zeit oder weniger Vorbildung im Bereich Konsumthemen hat, wird implizit als moralisches Subjekt abgewertet.

Aber gehen Visionen einer besseren Welt nicht auch mit einem zugewandten zwischenmenschlichen Umgang einher? Sind es nicht die selbstgerechten Abgrenzungen von vermeintlich „Unwissenden", die das primäre Problem darstellen und künstliche Grenzen schaffen? Ein reflektierter, umwelt- und gesundheitsorientierter Ernährungsstil hängt erheblich mit Bildung und Einkommen zusammen. Statt die „moralisch Verwerflichen" aus ihrer vermeintlichen Konsum-Komfortzone zu bitten, wäre der Schritt hinaus aus der eigenen persönlichen Komfortzone und hinein in die Perspektive anderer Menschen sinnvoll. Denn eine ehrliche Gemeinschaft wäre ethisch auch anstrebenswert. Diese entsteht allerdings nicht, wenn materielle Unterschiede oder Bildungsunterschiede zu einer moralischen Ungleichheit führen, sondern wenn man mit widersprüchlichen Ansichten tolerant umgehen kann.

KAPITEL 7: AUFMERKSAMKEIT

„Was Orwell nicht vorausgesagt hatte, ist, dass wir die Kameras selbst kaufen würden, und dass unsere größte Angst wäre, dass uns niemand zusieht."

Keith Lowell Jensen

KAPITEL 7: AUFMERKSAMKEIT

Aufmerksamkeit ist die Währung der Moderne. Menschen bezahlen auf Social-Media-Plattformen mit ihrer Aufmerksamkeit, die diese an Analyst*innen und Werbedienste weitervermarkten. Um auf Facebook, Twitter oder Instagram mehr Aufmerksamkeit zu bekommen – oder zumindest den Schein zu erwecken – investieren Nutzer*innen Geld für die Erhöhung ihrer Facebook-Likes, Twitter- oder Instagram-Follower. Andere Personen werden für ihre Kompetenz entlohnt, Aufmerksamkeit auf sich zu ziehen, wie sogenannte „Influencer*innen“, die die Kaufentscheidungen anderer maßgeblich beeinflussen und deshalb von einer Vielzahl an Markenherstellern, Hotels oder Restaurant gesponsert werden, oder Prominente, die für Events gebucht werden, um Aufsehen zu erregen und Schlagzeilen zu machen.

Wenn mehr Information ständig verfügbar ist, als wir je aufnehmen können, dann wird Aufmerksamkeit zu einer wertvollen knappen Ressource. Sie macht Erfolg digital messbar durch die bloße Zahl der Friends, Follower, Likes und Retweets. Die eigene digitale Reichweite ist Maßstab der Beliebtheit. Der Druck, sich selbst bestmöglich zu verkaufen, herrscht nicht nur im virtuellen Raum, sondern auch im realen Alltag. Extrovertiertheit und Ich-Vermarktung wird zur obersten Maxime, wie im ersten Kapitel ausgeführt wird.

Aufmerksamkeit wird vor allem durch die herrschende Politur des virtuellen Auftritts generiert. Da wird geschönt bis zur Unkenntlichkeit; die Strahlkraft des digitalen Selbsts leuchtet dem realen Selbst den Weg. Der Druck, Erfolg und Glück zu performen, wird zum unerlässlichen Begleiter durch die Gewöhnlichkeit des Alltags.

Das zweite Kapitel zeigt auf, wie derartige Prozesse den Blick auf die reale Welt verschieben können. Vorher authentische Lebensmomente werden zu Bildmaterial für digitale Vermarktung, werden „instagrammable“. Urlaubsorte werben mit Like-Garantie für dort gemachte Selfies. Das spektakuläre Selbstbildnis soll Spaß und Spannung suggerieren. Der Alltag wird als dynamisches Unterwegs-Sein dargestellt, während er gleichzeitig eine totale Selbst-Überwachung ist.

EXTROVERTISMUS ALS NORM

Unser Leben wird von vielen Gegebenheiten vorstrukturiert, die wir nicht beeinflussen können. Das betrifft das Geschlecht, in welchem Land man geboren wird, die ethnische Herkunft oder auch die sexuelle Orientierung. Das Ausmaß, inwieweit diese Merkmale die Lebenschancen beeinflussen können, ist vielfach diskutiert; hingegen ist eine andere Veranlagung bisher weniger zum Thema gemacht worden: der Persönlichkeitstyp. Damit ist gemeint, ob man eher introvertiert oder extrovertiert veranlagt ist, also ob man dazu neigt, seine Energiereserven alleine oder im Verbund mit anderen Menschen aufzuladen, ob einen soziale Veranstaltungen tendenziell erschöpfen oder sie einem Kraft geben. Häufig wird Introversion mit Schüchternheit verwechselt. Hier ist allerdings eine grundlegende Unterscheidung zu treffen. Schüchternheit bedeutet Angst vor sozialer Bewertung zu haben und findet auf der Verhaltensebene statt. Daran kann man arbeiten, wenn man das möchte. Ob jemand introvertiert oder extrovertiert ist, ist dagegen eine Persönlichkeitseigenschaft, die im Kern des Daseins verankert ist. Und das hat Auswirkungen auf nahezu alle Lebensbereiche wie Kindheit, Bildung, Berufswahl, professionelle Erfolgschancen, persönliche Beziehungen und welche Freund*innen und Partner*innen man hat.

Unser gesellschaftliches Wertesystem ist vom Ideal der Extraversion geprägt. Das vorherrschende Bild ist, dass Glück mit Kontaktfreudigkeit einhergeht und man sein Leben dann intensiv lebt, wenn man selbstbewusst ist und eine leichtlebige Offenheit ausstrahlt. Die Fähigkeit, an sich zu glauben und sich bestmöglich zu „verkaufen", zählt zur persönlichen Grundausstattung am Arbeitsmarkt. Der Autorin Susan Cain zufolge werden Introvertierte in dieser Kultur unter Druck gesetzt, sich wie Extrovertierte zu verhalten, anstatt ihren ernsten, oft stillen und reflektierenden Stil als gleichwertig zu akzeptieren.[78] Mit sozialen Situationen einhergehende Ängste werden dann häufig in einem psychologischen Komplex verpackt. Fühlt man sich unwohl in großen Menschengruppen oder unsicher beim Smalltalken mit Fremden, dann heißt das „Sozialphobie“; fühlt man sich klein und unbedeutend, neigt man zu Selbstzweifeln und leidet man am überhöhten Anspruch an sich selbst, dann heißt das „Minderwertigkeitskomplex“. Umgekehrte Tendenzen gibt es eher selten zu beobachten. Zumindest fällt einem auf Anhieb keine pathologisierende Zuschreibung dafür ein, wenn sich extrovertierte Menschen unruhig oder ängstlich fühlen, nachdem sie zwei Tage durchgehend ohne Kontakt mit Menschen allein zu Hause verbracht haben.

Auch die Art und Weise, wie gearbeitet wird, ist nach Kriterien ausgerichtet, die dem Naturell von Introvertierten nicht entsprechen. In der Berufswelt sind Teamarbeit und Gruppendenken heute die Leitprinzipien. Arbeitskräfte werden zunehmend in Teams organisiert, am besten noch interdisziplinär und nach Diversity-Kriterien zusammengesetzt. Nun erfordern Teams ein hohes Maß an Interaktion, an persönlichem Kontakt und Aushandlungsprozessen. Gruppendynamikseminare, Teambuildingübungen oder Klausurtagungen können hinzukommen. Introvertierte erarbeiten allerdings ihre Ideen und Lösungen lieber alleine und sind erst, wenn sie lange genug über einen Vorschlag nachgedacht haben auch bereit, diesen mit anderen zu teilen. Ihre Motivation ist es, Sachverhalte zu verstehen und zu durchdringen, sowie qualitativ hochwertige Arbeit und durchdachte Lösungen zu entwickeln. Im Gegensatz dazu setzt es Extrovertierte nicht unter Druck, noch nicht fertig gedachte Gedanken mit anderen zu teilen. Ihre Motivation ist es, kontinuierliches Feedback zu erhalten, mit anderen in Kontakt zu sein und deren Anerkennung zu bekommen. In diesem Kontext ist zu betonen, dass es sich nicht um ein Entweder-Oder handelt. Es gibt nicht entweder Introvertierte oder Extrovertierte, sondern es geht darum, was mehr oder weniger auf einen zutrifft. Auch Extrovertierte haben introvertierte Seiten und umgekehrt. Dennoch gilt als Orientierung, ob man eher nach innen oder außen gekehrt ist, ob man seine Energie im Zusammensein mit anderen schöpft oder im Alleinsein.

Auch Schulen werden verstärkt nach dem Team-Prinzip ausgerichtet: Lernaktivitäten in Kleingruppen, kooperatives Lernen oder Gruppenarbeiten sollen Teamfähigkeit vermitteln, eine Kompetenz, die im Berufsleben immer wichtiger wird. Stille Schüler*innen, die nicht sofort Ideen oder Meinungen haben, sondern sich dazu erst einmal eigenständig Gedanken machen müssen, die sich in Gruppen nicht gut durchsetzen, obwohl sie sehr gute Standpunkte hätten, liegen damit klar im Nachteil. Es sind Eigenschaften wie diese, die im Schulsystem allgemein schlechter bewertet werden, denn wer gute Noten haben will, ist gefordert, sich regelmäßig aktiv mit Wortbeiträgen am Unterricht zu beteiligen. Introversion wird dann zur Schwäche. Wer länger nachdenkt, bevor er redet, und dazu neigt, sich selbst eher im Hintergrund zu halten, dem wird häufig weniger zugetraut, als jenen, die dominant und bestimmt auftreten. Zudem gibt es für Schüler*innen, die das eigene Innenleben dem Außenleben vorziehen, eine Bandbreite an abwertenden Zuschreibungen wie „Loner", „Sonderling", „Eigenbrötler", „Außenseiter" oder „Freak".

Die Entwicklung hin zum vorherrschenden Prinzip des Gruppendenkens ist nun besonders auch deshalb interessant, da wirklich revolutionäre Erfindungen und Anwendungen selten in Gremien entstanden sind, sondern durch eigenständige Tüftelarbeit.[79] Die Idee der Zusammenarbeit als Grundvoraussetzung für grundlegend neue Ideen – mehrere Menschen zusammen sind klüger als einer allein – ist historisch betrachtet stark zu bezweifeln. Teamevents und Großraumbüros haben selten zu bahnbrechenden Ideen beflügelt. Für die Entwicklung von Kreativität ist Stille und Alleinsein oftmals entscheidend.

Albert Einstein sagte von sich selbst: „Ich bin ein Einspänner und tauge nicht für ein Tandem oder Teamarbeit“. Stephen Wozniak, der den Personal Computer erfand und Apple mitbegründete, hat stets alleine gearbeitet, mit Vorliebe in der Nacht, wenn einen die Welt in Ruhe lässt. In seinen Memoiren rät er Jugendlichen, allein zu arbeiten. Eine Studie an der kalifornischen Universität Berkeley verglich Personen, die bahnbrechende Leistungen im Bereich Architektur, Mathematik, Wissenschaft, Ingenieurwesen, Dichtung und Literatur mit Angehörigen derselben Berufe, die weniger erfolgreich waren.[80] Die umfangreichen Persönlichkeitstests ergaben: Die kreativeren Menschen waren introvertiert. Das bedeutet nicht, dass Introvertierte immer kreativer sind, zeigt aber, dass unter den Kreativen sehr viele Introvertierte zu finden sind. Und das hat etwas mit dem Alleinsein als Motor für Kreativität und Produktivität zu tun.

Ob die Eigenschaften von Introvertierten als Stärke oder Schwäche bewertet werden, kommt natürlich immer darauf an, in welchem Umfeld man sich bewegt und welche Aufgaben man hat. Es ist jedoch festzustellen, dass es in einigen Bereichen schwieriger geworden ist, eine reservierte Persönlichkeitsnatur zu leben, etwa in der Wissenschaft und Kunst. Durch das Primat des Marktes, der obersten Bewertung durch wettbewerbliche Servicemärkte, Publikationsmärkte und Aufmerksamkeitsmärkte, ist es nicht mehr ohne Weiteres möglich, ein*e introvertierte*r Gelehrte*r oder Kunstschaffende*r zu sein. Was lange ein Ort für nach innen gekehrte Denker*innen war, ist heute von Business-Prioritäten besetzt: Es gilt, seine Forschungsergebnisse oder Kunstwerke bestmöglich zu „platzieren“, zu „networken“, Projekte „an Land zu ziehen“ und größtmögliche Aufmerksamkeit in Form von Zitationen oder Ausstellungen zu bekommen, um den „impact“ der eigenen Arbeit zu vergrößern. In der Wissenschaft sind die Möglichkeiten, eigenbestimmt zu arbeiten, durch den vermehrten Einsatz von Projektteams gesunken. An so manchen Kunstuniversitäten ähneln die Aufnahmeprüfungen einer Casting Show: In der Konkurrenzsituation werden Freundschaften geschlossen und Tränen fließen, während die Fähigkeit sich zu inszenieren und Aufmerksamkeit auf sich zu ziehen auf dem Prüfstand stehen.

Distanzlosigkeit: die neue „Lockerheit"

Der Druck, Selbstvertrauen auszustrahlen, auf andere zuzugehen und seine „Komfortzone" zu verlassen, beginnt schon sehr früh. Braucht man Zeit, um sich an unbekannte Situationen und Menschen zu gewöhnen, so ist das gesellschaftlich gesehen von Nachteil. In manchen Bereichen hat es sogar den Anschein, dass man als verklemmt gilt, wenn man sich nicht distanzlos verhält. Für Settings, in denen das Eindringen in den eigenen Nahbereich erwünscht und vorhersehbar ist, ist daran nichts auszusetzen, etwa in einem Erwachsenen-Sommercamp für Reiki und Kräuterpädagogik. Aber mittlerweile weitet sich dieses Prinzip mitunter auf andere Sphären aus, in denen man es nicht erwarten würde. Ein Beispiel: Bei einem Workshop zum Thema „Das Selfie als paradigmatischer Akt der Selbstinszenierung und Selbstüberwachung mittels Smartphone" im Museumsquartier Wien mussten sich die Teilnehmer*innen zum Einstieg zu dritt gegenseitig massieren. Niemand konnte ahnen, dass der akademisch anmutende Titel die Praxis einer körperlichen Distanz-Annullierung versteckt. Für manche ist es auch eine nette Übung, um gleich am Anfang eine gemeinschaftliche Atmosphäre zu schaffen. Andere halten es weder für angemessen noch für eine gute Idee, eine Person, die man noch nie zuvor in seinem Leben gesehen hat und mit der man noch nie ein Wort gewechselt hat, aus nicht-medizinischen Gründen intensiv zu berühren, damit sie ein Wohlgefühl empfindet. Die zweite Gruppe sieht sich selbst nicht als unlocker, sondern empfindet einen solchen Massage-Einstieg als unsensible Grenzüberschreitung und Distanzlosigkeit, die sich selbst als positives Prinzip des „Offenseins" geriert.

Schon Teenagern wird medial vermittelt, dass es wichtig ist, stets selbstbewusst mit dem eigenen Körper umzugehen, auch wenn er gerade starken Veränderungen unterliegt. Bei der deutschen Casting-Show *Germany's next Topmodel* werden 16-Jährige aufgefordert, nackt mit einem fremden Mann intime Posen einzunehmen. Wer sich dabei unwohl fühlt, ist nicht locker genug. Dabei könnte man statt locker auch von einer Störung der ursprünglich natürlichen Beziehung des Menschen zu sich selbst und zu anderen Menschen sprechen. Das natürliche Distanzverhalten und Schamgefühl von Jugendlichen wird allerdings als Manko konstruiert, lächerlich gemacht und als Schwäche abgewertet. Gerade für junge Zuseherinnen, die sich in einem Identitätsentwicklungsprozess befinden, kann diese „message" verheerend sein. Und für introvertierte Teenager noch viel mehr. Diese können glauben, mit ihnen stimme etwas nicht und versuchen als Extravertierte „durchzugehen", was zu einer Verschwendung ihrer Talente, Energie und zu einem Verlust ihrer Zufriedenheit führt.

Coaching als effiziente Leistungssteigerung

Um in der extrovertiert ausgerichteten Welt nach außen hin siegessicher zu sein, gibt es eine neue Berufsgruppe, die verspricht, einem zu Erfolg zu verhelfen: Coaches. Sieht man sich das aktuelle TV-Programm an, so hat es den Anschein, als wären nahezu alle Bevölkerungsgruppen ohne Coaches verloren: Köche und Restaurantchefs, Übergewichtige, Unsportliche, Menschen mit wenig Stilsicherheit, Verschuldete, mit der Erziehung überforderte Eltern oder Hundebesitzer*innen, Jungunternehmer*innen, Paare in einer emotionalen Krise oder Singles mit Flirthemmungen. Alle werden gecoacht. Darin offenbart sich viel vom gegenwärtigen Umgang der Menschen mit sich selbst und ihrem Verhältnis zur Welt. Ursprünglich begann sich Coaching als Beratungsform in Unternehmen zu etablieren. Heute gibt es Coaches für jeden Lebensbereich – mitunter sogar für das Aufräumen oder die eigene Identität. Dennoch hat sich an der Orientierung an Business-Prinzipien und -Strategien wenig geändert. So lautet die oberste Maxime: zielgerichtete Effizienz. Es soll keine biografische Introspektion erfolgen, sondern eine zukunftsgerichtete Handlungsorientierung. Die Psyche ist nicht mehr komplexe Innenwelt, sondern Ressource. Kuriert wird, wenn überhaupt, an der Oberfläche. Statt die suchende Person eigenständig zur Entscheidungsfindung zu ermächtigen, werden Lösungsvorschläge vorgegeben. Dementsprechend ist Coaching eine Hilfeleistung zur Anpassung an den Markt. Wir sollen wollen und können, was der Wettbewerb der Verwertbarkeit von uns verlangt: rasche Entscheidungen und Handlungen, Selbstsicherheit und Leistungsfähigkeit.

Der Soziologe Ulrich Bröckling verweist in diesem Kontext auf die dahinterliegende Metapher des Sports. Gecoacht werden heißt fit gemacht werden, das eigene Potenzial steigern. Es ist die Ausweitung des Prinzips sportlicher auf alle Leistungsbereiche. Im Gegensatz zum Sport kann allerdings in anderen Lebensbereichen jede*r ein Coach sein. Der Beruf ist nicht geschützt, es gibt keine Einigung auf Standards, keine Qualitätssicherung, keinen zentralen Berufsverband. Dafür sind die Leistungen umso kostspieliger. So verzeichnen ehemalige Handwerker für Coaching-Workshops Einnahmen im mittleren vierstelligen Bereich. Am erfolgreichsten sind jene mit verrückten Ideen und profanen Botschaften, wie „Enten müssen lieben, was sie bekommen, Adler holen sich, was sie lieben".

Coaching kann als Anpassungsmethode gesehen werden, um Introvertierten Ratschläge für das Funktionieren in einer extrovertierten Kultur zu geben.[81] Dass unsere Institutionen nach Merkmalen des Extrovertismus konzipiert sind, führt dazu, dass viele Introvertierte glauben, mit ihnen stimme etwas nicht. Dazu zählt zum Beispiel „Networken" oder „Socializen", eine leistungsorientierte Form der Gesprächsführung. Soziale Netzwerke gelten als eine der wichtigsten Ressourcen in westlichen Gesellschaften des 21. Jahrhunderts, insbesondere für die eigenen Chancen am Arbeitsmarkt. Das richtige „Vitamin B" kann einige Türen öffnen, die sonst verschlossen blieben.

Networking-Events, Tagungen, Stammtische, das gemeinsame Mittagessen oder Feierabendbier mit Kolleg*innen sind für manche gute Möglichkeiten, ihre professionellen Kontakte auszubauen oder zu vertiefen, für andere ist bereits die Vorstellung davon auslaugend. Auch hier öffnet sich ein neuer Markt: Gegen Entgelt vermitteln unzählige Berater*innen Techniken für die kontinuierliche Netzwerkarbeit, die Erleichterung der Kontaktaufnahme oder die Vorbereitung der Einstiegsfragen. Die 70-20-10-Formel („Nutze 70 % deiner Zeit, um anderen zu helfen, 20 % deiner Zeit, um dich selbst zu präsentieren und 10 % der Zeit, um andere um Hilfe zu bitten") oder der Zwei-Hosentaschen-Trick („Nachdem Sie die Visitenkarte des anderen ausreichend gewürdigt haben, stecken Sie die Karten von Leuten, zu denen Sie weiterhin Kontakt halten möchten, in die rechte Hosentasche, die der Nervensägen in die linke – die Entsorgung ist hinterher wesentlich einfacher") sind nur zwei Prinzipien, die gepredigt werden, um die eigenen Interessen möglichst effizient und erfolgreich zu verfolgen.

Wenn man es ablehnt, strategisch auf andere Menschen zuzugehen oder die eigene Reaktionsgeschwindigkeit bei einer Vielzahl an Smalltalk-Gesprächen langsamer ist als sozial erwünscht und der Stresspegel und das Unwohlsein dadurch steigen, dann hat man schlechte Karten. Dies ist bei introvertiert veranlagten Menschen der Fall. Sie brauchen schneller und öfter Pausen von überstimulierten Umgebungen, müssen regelmäßig Reize reduzieren, um die gesammelten Eindrücke zu sortieren und zu verarbeiten. Sie benötigen mehr Auszeiten, stille Momente und Phasen des Alleinseins als Personen, die eher extrovertiert sind – das kann den Berufsalltag erschweren.

Werden die Eigenschaften Introvertierter abgewertet und als zu langsam, scheu und zu wenig selbstbewusst wahrgenommen, dann führt das zu einer Form von sozialer Ungleichheit.

Die Voraussetzungen dafür, welche Eigenschaften dazu führen, ein „gelungenes" Leben zu führen, beeinflussen die alltäglichen Lebenschancen der Einzelnen. Ob die gesellschaftlichen Bedingungen derart gestaltet sind, dass man seine Potenziale entfalten kann, ist dann bereits bei der Geburt festgelegt. Im Gegensatz zu eindeutig identifizierbaren Merkmalen wie Ethnizität, soziale Herkunft oder Geschlecht wirkt Introvertismus als Kategorie sozialer Ungleichheit allerdings subtiler, auch weil dieser bisher im öffentlichen Diskurs kaum thematisiert wurde. Eine erhöhte Sichtbarkeit der Problematik könnte ein sinnvoller erster Schritt sein, um die stille und vermeidbare Belastung des „Nicht-Hineinpassens" für Betroffene einzudämmen.

DAS BELIEBTE DIGITALE SELBST

The internet isn't sad. Auf Social-Media-Plattformen sind Nutzer*innen darauf bedacht, die positiven Momente ihres Lebens zu präsentieren, sich als glücklich und populär darzustellen. Details über persönliche Krisen oder Beziehungstrennungen stehen selten im Mittelpunkt der eigenen Inszenierung. Vielmehr geht es darum, sich als beliebtes digitales Selbst zu vermarkten. Um anderen die eigene Gruppenzugehörigkeit zu demonstrieren, arbeitet man in Performance-Teams, indem man sich gegenseitig auf Fotos verlinkt oder mit Insiderwitzen unter Videos kommentiert. Viele vermeintlich authentische Lebensmomente entstehen ausschließlich für das Bild, das die virtuellen Blicke der anderen anziehen soll. Das geht so weit, dass die Prämisse der erfolgreichen digitalen Vermarktung bereits in die Sprache eingeflossen ist. Stadtführungen werden zu „instawalks", die eigene Wohnungseinrichtung muss „instagrammable" sein.

Bezeichnungen wie diese verweisen auf eine uniformierte Ästhetik, um die herum Lebenswirklichkeiten geformt werden. Aus den positiven Reaktionen lernen User*innen, welche Art von Fotos am besten ankommen und produzieren davon mehr: ein Green Smoothie zum Frühstück, Schnittblumen am Wochenende, ein Design-Buch am Vintagetisch in der lichtdurchfluteten Wohnung, ein glückliches Selfie mit der Partner*in am Strand, ein Foto im Spiegel des Fitnessstudios, ein ungehemmtes Gruppenbild, bevor man auf eine Party geht, ein selbstgebackener veganer Kuchen oder ein kurzer Spruch, der motivationsweckend sein soll. Die Bildsprache und visuellen Inhalte werden sehr schnell unhinterfragt imitiert, um sich als Teil der jungen, kreativen, zahlungsfähigen Lebenswelt zu präsentieren und möglichst viel Aufmerksamkeit zu bekommen. Mitunter wird sogar der Urlaubsort nach dem Fotolocation-Potenzial ausgesucht. Tipps für die besten Kulissen gibt es online zuhauf, etwa unter dem Titel „5 Urlaubsdomizile für spektakuläre Selfies mit Like-Garantie".[82] Die resonanzreiche Außenwirkung wird zum Imperativ. Denn Beliebtheit ist nicht nur relevant in der geselligen Inszenierung mit dem sorgenlosen Freundeskreis, sondern auch in der messbaren Aufmerksamkeit, die man für seine Posts bekommt. Das digitale Selbst richtet die eigene „Öffentlichkeitsarbeit" auf die ungeschriebenen Gesetze der sozialen Aufmerksamkeit aus.

Entfremdung, Neid und Depression

Erhebt man die virtuelle Online-Inszenierung zum zentralen Bestandteil des Lebensalltags, kann das aber auch zu einer regelrechten Gefallsucht und zum Stressfaktor werden, bis hin zu der Gefahr, das Gefühl für sich selbst zu verlieren. Felix Arvid Ulf Kjellberg, online bekannt als PewDiePie, ist ein Beispiel dafür. Als meistabonnierter Youtuber mit einer Subscriber-Anzahl von über 60 Millionen filmte er eine Reihe von Video Blogs, abgekürzt Vlogs. Als er 2016 das Ende seines Vlogs verkündete, legte er dar, wie anstrengend und belastend die regelmäßige Produktion war, ganz anders als das dargestellte Bild von einem lustigen und spannenden Alltag. In späteren Videos erwähnte er, dass die Vlog-Produktion den Blick auf die Welt ändert. Der Vlogger sieht nicht mehr die Realität, sondern nur noch Ereignisse, die er in den Vlog schneiden kann, um den Eindruck eines aufregenden Lebens zu vermitteln und möglichst viele Klicks zu generieren.

Auch der YouTuber Logan Paul befand sich in einem geistigen Zustand, in dem die Sensationssuche und die Aussicht auf viele Views die reale Situation überschattete. Paul machte Furore mit einem Besuch im japanischen Wald Aokigahara, auch als „Suicide Forest“ bekannt. Als Paul in diesem Wald ein Selbstmordopfer fand, filmte er dieses im Detail und veröffentlichte die Aufnahmen prompt in seinem Vlog. In der darauffolgenden Welle der Entrüstung veröffentlichten unzählige YouTuber Videos dazu und fragten, wie jemand so weit gehen könne. Selbst Celebrities wie Aaron Paul, Protagonist der US-Serie *Breaking Bad*, äußerten ihre Empörung. Auch die junge Russin Marina Lonina pflegte Live-Videos aus ihrem Leben mit der Smartphone-App Periscope zu filmen. Das tat sie auch, als ihre damals 17-jährige Freundin im betrunkenen Zustand vergewaltigt wurde. Während dieses Gewaltverbrechens waren der Nervenkitzel und die Lust nach mehr Aufmerksamkeit, Viewers und Likes größer als die Sorge um ihre Freundin. Es war ein Zuschauer des Streams, der letztlich die Polizei rief.

Der Drang, die aufregenden Facetten des eigenen Lebens online zu inszenieren, kann nun nicht nur einem selbst, sondern auch anderen Menschen Leid zufügen. Neben Formen der Entfremdung von sich selbst und der eigenen Umgebung können auch Neidgefühle initiiert werden. Mit dem Aufkommen der sozialen Medien ist der Vergleich mit anderen zu jeder Sekunde möglich. Via Smartphone ist man rund um die Uhr im Bilde über seine vermeintlichen Freund*innen und deren angebliche Erfolge. Menschen lassen sich von visuellen Selbstdarstellungen im Internet beeinflussen, selbst wenn sie wissen, dass diese nicht der Realität entsprechen. Eine Studie der University of Missouri mit über 700 College-Studierenden zeigt: Das neidvolle Beobachten der Status-Updates anderer schürt Unzufriedenheit mit dem eigenen Leben.[83] Diese Unzufriedenheit kann mitunter zu einer Depression führen. Bilder üben eine starke Macht aus.

Die intensive Nutzung von Social Media kann auch bewirken, dass der Blick auf sich selbst immer stärker an die Augen der anderen gebunden ist, mit dem Ziel, die eigene Inszenierung danach auszurichten. Per se ist das erst einmal nichts Ungewöhnliches. Selbstdarstellung ist ein zentrales Element menschlichen Daseins, das zeigte der Soziologe Erving Goffman bereits 1959 in seinem Werk *The presentation of self in everyday life.*[84] Individuen sind daran interessiert, den Eindruck, den sie bei Anderen hinterlassen, durch die Gestaltung ihrer Selbstpräsentation zu kontrollieren. So wie Schauspieler*innen auf der Bühne wissen, dass sie vom Publikum beobachtet werden und ihr Verhalten so anpassen, dass sie den besten Effekt erzielen, werden auf sozialen Netzwerken Inhalte ausgewählt und gestaltet, um eine bestimmte Zielgruppe zu beeindrucken. Jeder Mensch hat ein Verlangen nach positiver Selbstdarstellung und Anerkennung, keine Frage. Aber wenn er seinen Tagesablauf danach ausrichtet, wann er welches Foto von sich bei Instagram teilt, wäre es an der Zeit zu überlegen, ob sich die Unterordnung der eigenen Lebenszeit unter die Kriterien eines erfolgreichen virtuellen Auftritts wirklich lohnt.

Quantitative Akzentuierung von Aufmerksamkeit

Die eigene Popularität in sozialen Netzwerken ist besonders für junge Menschen wichtig, sogenannte „Digital Natives". Wer viele Instagram-Followers hat, genießt in der Peergroup ein hohes Ansehen. Auch die Anzahl der Twitter-Followers zählt für das digitale Renommee, denn wer gehört wird, scheint etwas zu sagen zu haben. In manchen Marketing- oder PR-Bereichen werden die Jobaussichten nicht durch den Lebenslauf, sondern durch die Reichweite der digitalen Präsenz bestimmt – als Beweis, dass man die Fähigkeit besitzt, diese aufzubauen. Wie man mehr Followers oder Likes bekommt, dafür kann man sich Tipps in unzähligen Foren holen. Das geht bis zur Möglichkeit, eine bestimmte Anzahl an Followers zu kaufen. Scheinbare Aufmerksamkeit und virtuelle Reichweite werden gegen Geld getauscht. Vorwürfe in diese Richtung werden immer wieder gegen Politiker*innen erhoben, deren Social-Media-Accounts innerhalb kürzester Zeit sehr viel Zuwachs bekommen haben.

Im September 2017 bekam der amtierende FPÖ-Chef von einem Tag auf den anderen 40.500 Fans auf seiner Facebook-Seite dazu und hatte damit den ÖVP-Obmann quantitativ überholt. Er betonte, dass es sich um reale Accounts handle, während es bei seinen Mitbewerbern seiner Einschätzung nach „zigtausende Fake-Accounts" gebe. Im Juni 2018 hatte der US-Präsident 52,5 Millionen Follower auf Twitter. Mehr als ein Viertel davon aber sind nicht aus Fleisch und Blut, sondern Algorithmen.[85]

Eine weitere Strategie zur Erhöhung der eigenen Sichtbarkeit ist es, Partnerschaften einzugehen. Unter dem Motto „Like for like" oder „Follow for follow back" kooperieren User*innen mit gegenseitigen Klicks und verhelfen sich so zu mehr Aufmerksamkeit. Denn die Algorithmen basieren auf dem Matthäus-Effekt: Wer Aufmerksamkeit hat, dem wird Aufmerksamkeit gegeben. Je mehr Likes, desto sichtbarer wird man bei anderen. Popularität erzeugt stärkere Aufmerksamkeit und ruft damit mehr Popularität hervor. Und das ist für viele Nutzer*innen wichtig, denn Facebook-Freundeslisten und die Anzahl an Instagram-Followern sind zu Statussymbolen geworden, sie spiegeln den digitalen Wert wider. Das kann so weit gehen, dass die Meinungen von User*innen mit geringerer Reichweite abgewertet werden. Besonders auffällig ist dies bei jungen Social-Media-Influencers und deren meist noch jüngeren Fans. Sie bügeln Kritiker*innen, deren Follower-Nummer kleiner ist, stets mit einem „Who are you?" nieder. Es wird nicht auf den Inhalt eingegangen, sondern nur auf die zahlenmäßig lachhaft niedrige Popularität der Kritiker*innen. Wer bist du überhaupt? Niemand kennt dich. Hätten Kritiker*innen mehr Follower, wäre seine Beanstandung legitim, aber mit „nur" 4.000 Followers statt 25.000 ist es lächerlich, den Erfolgreicheren kritisieren zu wollen. Ein Beispiel dafür ist ein kurzer Twitter-Streit zwischen dem Youtuber Logan Paul und dem Comedian Chris D'Elia, in dem Chris auf das vorhin erwähnte Suicide Forest Video anspielte und die beiden anschließend Sticheleien austauschten. Logan und seine Fans erwähnten dabei konstant, sie wüssten nicht, wer Chris sei, dass er zu alt sei, um mitzureden, dass er weniger Geld verdiene und vor allem weniger Followers hätte. Dies ließ Chris aber kalt und er endete die Sticheleien, indem er einfach nicht mehr auf Logan antwortete.

Die Eventisierung des Online-Ichs

Die eigene visuelle Inszenierung erfordert einerseits Kompetenz für die richtige Pose, das richtige Licht, die richtige Bildbearbeitung, aber auch Zeit, Willen und zum Teil auch Geld, etwa für mobile Telefone mit besonders guter Kamera oder Handyhüllen, die ein weiches Licht rund um den Screen legen, damit die Makel des Gesichts im Selfie-Modus optimal ausgeleuchtet werden. Mit den inszenierten Fotos wollen User*innen Unterschiedliches vermitteln: Im Urlaub zeigt man „Hier bin ich", in der Yogastunde „Das kann ich", beim Auspacken der Geburtstagsgeschenke „Das habe ich". Was aber allen gemein ist, ist die Botschaft „Ich erlebe etwas". Dabei kann es schon einmal zu einem Wettbewerb um das spektakulärste Bild führen. Ein Selfie mit einem Promi oder von der Spitze eines Fernsehturms bekommt mehr Likes als ein Selfie in der Bibliothek.

Die Suche nach dem besten visuellen Spektakel kann zu Unfällen und sogar zum Tod führen. Im Juni 2018 stürzte ein australisches Urlauberpaar im Badeort Ericeira nahe Lissabon beim Versuch ein Selfie zu machen von einer 40 Meter hohen Mauer und starb. Im Jahr 2015 tauchte in vielen Medien die reißerische Meldung auf, dass mehr Menschen beim Aufnehmen von Selfies gestorben sind als durch Haiangriffe. Natürlich ist hier die Verhältnismäßigkeit zu berücksichtigen, denn es machen mehr Menschen Selfies, als dass sie Haien begegnen. Zudem ist die Todesgefahr beim Zusammentreffen mit Haien allgemein bekannt und wird dementsprechend zu vermeiden versucht, ganz im Gegensatz zum Richten der Handykamera auf das eigene Gesicht. Wenn auch der Vergleich statistisch nichts hergibt, verrät er doch den Drang, den Alltag mit der Aura von lebensgefährlichen Abenteuern aufzupeppen. Es wird deutlich, dass der neidvolle oder anerkennende Blick der anderen so begehrt ist, dass manche Menschen dafür bereit sind, ihr Leben zu riskieren.

Die Erlebnisorientierung zeigt sich nun nicht nur in der Bildkonstruktion, sondern auch bei den Hashtags, also den Schlagwörtern, mit denen bestimmte Inhalte in sozialen Netzwerken auffindbar sind. So gibt es eine große Anzahl an Nutzern, die sich selbst als „Traveller" bezeichnen. Wenn man schon einmal in einem internationalen Hostel übernachtet hat, kennt man dieses Phänomen. Abgesehen vom Typus „Rucksack-Traveller", der es sich mit westlichem Geld in kostengünstigen Paradiesen gut gehen lässt und damit seine Kriterien für „alternativ sein" erfüllt, kursiert in diversen Social-Media-Kanälen ein weiterer Typus der Marke „Selbstzuschreibung Traveller". Dazu zählen Menschen, die etwa für einen Städteurlaub nach New York fahren und sich niemals in Bezirke außerhalb von Manhatten und Brooklyn wagen oder mit Menschen in Kontakt treten, die von ihrer eigenen Alterskategorie und Schichtzugehörigkeit abweichen. Diese „Traveller" machen es sich nach ihrer Vintage-Shoppingtour im Pop-Up Espresso in einem gentrifizierten Teil Brooklyns mit ihrem Mac gemütlich – alles genau wie sie es von zu Hause kennen, nur woanders. Natürlich hat niemand die Definitionsobrigkeit darüber, wann man ein Traveller ist oder wie ein solcher zu sein hat. Aber die inflationäre Selbstzuschreibung des Begriffs in sozialen Netzwerken fällt auf. Woher kommt der Drang nach einer derartigen kollektiven Selbststilisierung?

Offenbar befinden sich auch eine Vielzahl der Social-Media-Nutzer auf einer „journey", einer sinnbildlichen Reise. Man nimmt nicht mehr einfach ab, sondern befindet sich auf einer Weightloss Journey, man fängt nicht einfach mit Sport an, sondern befindet sich auf einer Fitness Journey, man macht nicht einfach Yoga, sondern befindet sich auf einer Yoga Journey, man lernt nicht einfach aus seinen Erfahrungen, sondern befindet sich auf der Journey namens Life. Hinzu kommt die Eventisierung jeglicher noch so gewöhnlicher Aktivitäten durch die Bezeichnung „Adventure", die bei kritischen Betrachter*innen Fragezeichen hervorruft. Manche gehen in den Wald Pilze suchen und bezeichnen das als Adventure. Andere melden sich zu einem Tanzkurs an und präsentieren das online mit dem Titel „new adventures ahead". Ein Abenteuer enthält ja immer ein gewisses Risiko, eine potenzielle Gefahr. Welche ungeregelten Bahnen werden diese Menschen dabei erwarten?

Hashtags wie #traveller, #journey oder #adventure in Verbindung mit Fotos von inszenierten Ausschnitten des Alltags drücken die Eventisierung und Erlebnis-Orientierung in der Darstellung des Online-Ichs aus. Events sind durch auf Unterhaltung ausgerichtete Erlebnisversprechen gekennzeichnet – Action, Spaß und Rausch im Kollektiv. Sie dienen als Gelegenheiten zur gemeinsamen Selbst-Inszenierung auf der Suche nach einem besonders interessanten eigenen Leben. Menschen lassen sich von zahlreichen Vehikeln zum Konsum verleiten, um sich in andere Erlebniswelten zu befördern: Nachtclubs, Kunstausstellungen, Sportwettkämpfe oder Modenschauen. Aber um ein ereignisträchtiges Selbstbild zu kreieren, das Aufmerksamkeit erregen soll, ist das scheinbar nicht mehr ausreichend. Für das erfolgreiche Erlebnismarketing des Online-Ichs wird mittlerweile der Eventcharakter von jeglichen noch so alltäglichen Tätigkeiten hervorgehoben, wie mit einer Freundin Rad fahren oder kochen („I made an awesome cake today – so much fun!"). Dennoch ist man nicht davor gefeit, dass der erwünschte Blick der Anderen ausbleiben kann. Denn bei so manchen ruft das weniger den Gedanken „Wow, diese Person hat so ein aufregendes Leben" hervor, sondern eher „Ist die Lebenswelt dieser Person so starr strukturiert, repetitiv und langweilig, dass das für sie bereits abenteuerlich ist?"

Online-Performance und Überwachung

Das Dokumentieren und Veröffentlichen von alltäglichen Momenten des Lebens aus eigenem Antrieb kann als postmoderne Überwachungsstruktur gesehen werden. Diese Idee scheint besonders Humoristen zu amüsieren. So bezeichnet der Kabarettist Michael Niavarani Facebook als „Stasi auf freiwilliger Basis". Der Comedian Keith Lowell Jensen twitterte: „What Orwell failed to predict is that we'd buy the cameras ourselves, and that our biggest fear would be that nobody was watching." Big brother is watching me. Hopefully.

Hierbei lässt sich eine Analogie mit Jeremy Benthams Modell des idealen Gefängnisses herstellen, von dem der Philosoph Michel Foucault zeitlebens fasziniert war. Das „panoptische" Gefängnis ist kreisrund, die Zellen liegen kreisförmig an der Außenwand, in der Mitte steht ein Turm für die Wachmannschaft. Von diesem Turm aus kann man in alle Zellen schauen. Die Gefangenen in den Zellen können allerdings selbst nicht in den Turm hineinsehen. Sie sind sich dementsprechend nie sicher, ob sie beobachtet werden oder nicht. Ausgehend davon, dass die Gefangenen die Bestrafung für Fehlverhalten vermeiden wollen, werden sie sich so benehmen, als ob sie permanent beobachtet würden. Mit der Zeit haben sie dieses Gefühl verinnerlicht und regulieren ihr Verhalten selbst dann, wenn sie aus der Anstalt entlassen worden sind. Dies ist, so Foucault, die Hauptwirkung des Panopticons: im Häftling einen Zustand bewusster und permanenter Sichtbarkeit herbeizuführen, denn dadurch ist die Machtausübung gewährleistet.[86] Gefangene müssen ständig damit rechnen, überwacht zu werden, können sich aber nie sicher sein. Jener Zustand führt zu einer Verinnerlichung der Herrschaft und Kontrolle, die Foucault „Biomacht" nennt.

Der Disziplinierungseffekt des Panoptikums lässt sich auch auf Facebook übertragen. In Facebooks virtuellem Panoptikum gibt es keine strenge Trennung zwischen Wachen und Gefangenen. User*innen sind sowohl Wächter*innen als auch Gefangene, sowohl Voyeurist*innen als auch Exhibitonist*innen, sie beobachten und beurteilen einander, wie und welche Inhalte geteilt werden. Der panoptische Effekt liegt darin, dass jede*r weiß, dass er oder sie immerzu beobachtet werden *könnte*. Daher disziplinieren sich die Individuen dahingehend selbst, dass sie nichts mehr zu verbergen haben. Dieses Disziplinarverhalten kann weitreichende Folgen haben. Etwa dass User*innen aus Angst vor potenziellen Repressionen ihre eigenen Ansichten unterdrücken.

Diese Angst ist gar nicht so weit hergeholt. Wer ein US-Visum beantragen möchte, soll in Zukunft auch seine Konten bei Twitter oder Facebook offenlegen, so die Idee des US-Heimatschutzministeriums. Bisher gab es dazu keine Entscheidung. Auch bleibt unklar, wie die USA mit den neu gewonnenen Informationen umgehen würden. Würde dann das virtuelle Verbreiten eines kritischen Artikels oder eines satirischen Beitrags über den US-Präsidenten die Möglichkeit eines temporären Aufenthalts minimieren? Dazu gibt es keine offiziellen Informationen. In jedem Fall hätte eine Kontrolle dieser Art einen gewissen Einschüchterungseffekt und kann zur Selbstzensur führen.

Insgesamt zeigt sich: Nirgendwo als im Netz ist der Blick der anderen wichtiger und der Schein, ihn beeinflussen zu können, größer. Um das virtuelle Scheinwerferlicht zu verstärken, wird Geld bezahlt, das eigene Leben riskiert, „Personal Branding Expert*innen" oder „Human Branding Strateg*innen" herangezogen, die einen mit Weisheiten wie „Die stärkste Marke bist du selbst" versorgen. Mit der dadurch gewonnenen digitalen Prominenz kann man sich seine Investitionen wieder zurückholen, zum Beispiel als Influencer*in, durch Sponsoren und Produktpromotion. Auch ohne kommerzielle Interessen wird das Selbstdarstellungsspiel in großem Ausmaß ausgekostet. Viele Menschen holen sich mehrmals in der Woche digitalen Applaus für ihr retuschiertes Gesicht. Um das Online-Ich bestmöglich zu kuratieren, gibt es eine Vielzahl an Apps, die Hautunreinheiten und Falten verschwinden lassen oder 10 Kilogramm wegschummeln. Damit breitet sich das Phänomen „Jugendlichkeit“ mit seinen Konnotationen von Vitalität und Erlebnisorientierung noch stärker aus.[87] Jugendlichkeit ist keine Frage des Alters mehr, sondern eine Einstellung zur Welt. „Die Jugendphase“ kann immer mehr in die Länge gezogen werden – dank Bildbearbeitung auch optisch. Der Konkurrenzkampf um die neue Währung der digitalen Aufmerksamkeit ist allerdings auch zermürbend. Was als Werkzeug der Information, Plattform der Begegnung und Vehikel für Kommunikation und laufende Anerkennung gedacht war, spielt sich unbemerkt ganz nach oben, weit über das reale Selbst, und kann für dieses zu einer permanenten Bedrohung werden. Man könnte absacken, zurückfallen, zum Niemand werden, eine Quelle für Abwertung und Lächerlichkeit. Who are you?

Ich stinke
Offene

KAPITEL 8: POLITIK

„Mit der eigenen Unvernunft
ist man immer nachsichtiger
als mit der der Anderen."

Elisabeth Raether

KAPITEL 8: POLITIK

In einer Demokratie sollte ein breites Angebot an Ideen, Konzepten und Modellen, an Politiken vorliegen, aus denen die Wähler*innen aussuchen können. Die Politiken stehen in einem fairen Wettstreit, die Konkurrenz bezieht sich auf die Inhalte, da wird auch hart argumentiert – so sollte es sein. So ist es derzeit aber nicht. Die politischen Inhalte werden vergröbert und verzerrt, Fakten werden bestritten („Fake News"), im Web werden Anhänger*innen erfunden, und die Argumente werden weniger auf Konzepte gerichtet als vielmehr gegen die Person des Gegners. Früher war es absolut verpönt, den politischen Mitbewerber persönlich zu attackieren und herunterzumachen oder gar körperliche und gesundheitliche Merkmale aufs Korn zu nehmen. Wenige Einzelfälle blieben Vertretern radikaler Gruppierungen an den Rändern des politischen Parteienspektrums vorbehalten. Heute ist diese Unkultur aber in der breiten Mitte angekommen. Allgemein zeichnet sich ein immer stärker werdender Persönlichkeitskult ab, durch den Argumente oder Ideologien in den Hintergrund treten. Sehr plakativ ausgedrückt: Wichtig ist nicht, ob man der zur Wahl stehenden Person die Handhabe über einen Staat zutraut, sondern ob man sie sympathisch findet und gerne mit ihr ein Bier trinken gehen würde. Gewählt werden heute also vielmehr Personen als politische Programme.

Im ersten Kapitel werden die sozialen und psychologischen Hintergründe beleuchtet, vor denen die simple Andersartigkeit der anderen zu einem Feindbild zugespitzt wird. Neben Feindbildern werden auch andere Formen grober Vereinfachung thematisiert, wie Verschwörungstheorien und die sogenannten „alternativen Fakten". Der Wunsch nach übersichtlicher Einfachheit hängt mit einer Überforderung mit den Ideen der Aufklärung und Selbstbestimmung und mitunter auch mit dem ermüdenden Überangebot an Daten und Informationen zusammen, die aus allen medialen Kanälen fluten. Die Reduktion von Komplexität dient dann zur Erholung der gestressten Wahrnehmung.

Das zweite Kapitel beschäftigt sich mit den Wählerschaften unterschiedlicher politischer Lager, die sich gegenseitig abwerten, deren Haltungen zum Teil pathologisiert werden („Wir müssen die Ängste ernst nehmen") und die eine Diskussions-*un*kultur pflegen. Zudem wird ein kritischer Blick auf Identitätspolitiken geworfen, die sowohl im rechten als auch im linken Lager Einzug halten.

POLITISCHE ANDERSARTIGKEIT ALS FEIND

Heute rücken Menschen immer mehr voneinander ab, einfach weil sie eine andere Weltsicht vertreten. Es hat den Anschein, als würden Andersdenkende als bösartige Menschen wahrgenommen werden, die uns unser Dasein streitig machen wollen. Die Basis einer offenen und vielfältigen Demokratie ist jedoch Meinungsfreiheit. Das heißt, immer auch Meinungen zu tolerieren, denen man nicht zustimmen kann – sofern sie sich innerhalb der Menschenrechtskonvention befinden. Toleranz hat nichts damit zu tun, einem fremden Standpunkt zuzustimmen, sondern damit, die Existenzberechtigung des Anderen anzuerkennen, auch wenn einen dieses „Andere" stört: „Ich teile Ihre Meinung nicht, aber ich würde mein Leben dafür einsetzen, dass Sie sie äußern dürfen.", soll ein französischer Abgeordneter in der Nationalversammlung gesagt haben (oft auch Voltaire zugeschrieben). Aus der Kombination von Ablehnung und Geltenlassen entstehen konstruktive Diskurse. Nur eine tolerante Haltung kann den Raum dafür schaffen, Meinungen, die man verwerflich findet, widersprechen zu können. Intoleranz möchte diesen Meinungen die Berechtigung absprechen, sie bekämpfen oder sogar verbieten. Wir machen es uns jedoch zu leicht, wenn wir das Andere einfach aussperren wollen. Wahre Vielfalt schmerzt.

Im Ideendrama *Nathan der Weise* vermittelt Gotthold Ephraim Lessing den Grundgedanken, dass Menschen sich nur als Wahrheitssucher sehen sollten, keineswegs als Wahrheitsbesitzer, die zu Selbstgerechtigkeit neigen. Die Haltung der Suchenden ist Neugier, Toleranz und Verständnis – für andere Suchende und deren Schatz an Fundstücken. Wenn man sich nicht sicher sein kann, ob man richtigliegt, dann ist der Respekt gegenüber anderen Meinungen und Einstellungen weise und das ermöglicht eine konstruktive Auseinandersetzung, einen Diskurs. Illusionären und sesshaft eingemauerten Wahrheitsbesitz gegen offenes praktisches Wahrheitsstreben einzutauschen, führt zu einem toleranteren Umgang mit anderen.

Die konstante Auseinandersetzung mit neuen und immer wieder auch mit alten Themen und die permanente Reflexion der eigenen Haltung ist mental etwas anstrengend, gleichzeitig aber die Grundvoraussetzung für die Bewahrung der freiheitlichen Ordnung. Unser politisches und gesellschaftliches System wird durch kritische Auseinandersetzung nicht gefährdet, sondern lebendig gehalten. Die Entwicklung der liberalen Grundordnung war nur möglich, weil das Monopol der Religion über das Weltbild der Menschen seit der Aufklärung erodiert ist und gebrochen wurde. Das führt allerdings zu der unbefriedigenden Situation, dass die einzelnen Gesellschaftsmitglieder „in den Hemdsärmeln der Freiheit" (Nestroy) dastehen und sich selbst ein Weltbild zusammensuchen müssen. Und das ist nicht immer einfach.

Intensiv über Sinnfragen nachzudenken kann mitunter zu Depressionen führen. Eindeutig abgesteckte Weltanschauungen hingegen geben dem Leben Richtung und Sinn. Aus diesem Grund üben klar geordnete Regelsysteme eine enorme Anziehungskraft aus. Das kann für manche Yoga sein, eine regelmäßige körperliche und spirituelle Praxis mit Gleichgesinnten. Für andere kann es bis zum Extremismus gehen. Derartige Bewegungen stiften Identität und geben vor, was zu tun und zu denken ist. Zudem bieten sie die Integration in ein ritualisiertes Gemeinschaftsleben, das durch die Säkularisierung der Gesellschaft verloren gegangen ist. Das Leben wird dann rituell strukturiert und mit vorgegebenen Werten und Verhaltensformen gefüllt. Das gibt Halt, kann aber gleichzeitig als Weigerung oder Unvermögen gesehen werden, sich mit den unsicheren Dimensionen unserer Existenz und der Abwesenheit eherner Konstanten und ewiger Wahrheiten auseinanderzusetzen.

Feindbilder als Komplexitätsreduktion

Christian Weißgerber war als Jugendlicher sechs Jahre lang in der Neonazi-Szene in Thüringen aktiv. Mit 21 Jahren stieg er aus der Szene aus. Seitdem arbeitet er als Bildungsreferent und hält Vorträge, um andere vor Radikalisierung zu bewahren. In einem Interview über seinen Übergang zu einer anderen Lebenswelt meinte er:

> *„Vor dem Ausstieg wusste man jeden Morgen beim Aufstehen, wer die Bösen sind. Dann fehlt diese Klarheit. Bei vielen führt das zu Depressionen."*[88]

Das beschreibt sehr treffend das Bedürfnis nach Vereinfachung und einer klaren Orientierung in einer komplexen Welt. Wie Vorurteile helfen Feindbilder dabei, Ordnung zu schaffen. Sie dienen darüber hinaus als Rechtfertigung der Ausgrenzung oder Bekämpfung anderer und enthalten mitunter ein destruktives Potenzial. Konstruierte Bedrohungsszenarien von außen dienen als Mittel zum Zweck, meist in Kombination mit dem Mythos der Homogenität des „Volkes", das eine starke Führung braucht, und dem alleinigen Anspruch, die wahre „Stimme des Volkes" zu sein. Wer anderer Ansicht ist, lügt, verleumdet das Volk und gehört nicht dazu. Damit wird das Selbstwertgefühl im Kollektiv gestärkt, das im Einzelnen oft fehlt. Rechtsextremismen fordern demokratische und zivilgesellschaftliche Institutionen mit ihrer Fähigkeit heraus, Bevölkerungsgruppen zu mobilisieren, die keine Identität außerhalb der nationalen besitzen oder wahrnehmen. Der Psychologe Arno Gruen formuliert es in seinem Buch *Der Kampf um die Demokratie* so:

> *„Rechtsradikalen fehlt eine eigene Identität. Was aussieht wie eine Identität, besteht in Wahrheit aus Identifikationen mit Autoritätspersonen, Gehorsam und entsprechenden Rollenklischees männlichen Heldentums. All dies*

kreist um ein Selbst, das möglichst weit entfernt ist vom wahren eigenen Selbst, das sich minderwertig fühlt und durch ein Gehabe von männlicher Stärke aus dem Bewußtsein ferngehalten wird.“[89]

Wenn man im Anderen das Böse sieht, wird in der Schwarz-Weiß-Sicht auf die Welt das Eigene automatisch zum Guten. Das negative Fremdbild zaubert ein positives Selbstbild. Die ethische Abqualifizierung anderer ist ein wirksamer Vorwand, um diese von der Gesellschaft abzukapseln. Ob die eigene Herangehensweise an die Welt von Bedrohung oder Neugier geprägt ist, hängt bei Gruen stark mit frühkindlichen Erfahrungen zusammen. Wenn die Kindheit von Erlebnissen der Gefahr dominiert waren, da die eigenen Gefühle und Wahrnehmungen von den Erwachsenen nicht gebilligt wurden, dann entwickeln Kinder eine Haltung zur Welt, die auf Vermeidung und Abwehr basiert. Der Blick richtet sich auf Gefahren, die Wahrnehmung verengt sich darauf, in einer bedrohlichen Welt zu leben. Das Unvertraute wird zu etwas, das Angst und Misstrauen erregt, Wut und Aggression wird zum Kern des eigenen Daseins und Überlebens. Oder in den Worten des Psychologen Carlo Strenger: „Die tiefste Motivation für unmenschliche Handlungen ist die Furcht vor der Freiheit“.[90] Jene Menschen, deren Kindheit durch Angst vor Bestrafung und der Verachtung für ihr Eigenes geprägt war, sind wenig oder gar nicht fähig zu unterscheiden, was vertrauenerweckend und was bedrohlich sein könnte. Veränderungen und Neues erleben sie als Gefahr und reagieren darauf mit Misstrauen und Abwehr. Demgegenüber stehen Kinder, die ihre eigenen Wahrnehmungen und Bedürfnisse zum Kern ihres Selbsts machen konnten. Sie haben Geborgenheit erfahren und fühlen sich in der Welt zu Hause. Unvertrautes ist für sie nicht bedrohlich, sondern erzeugt Neugier. Sie erfreuen sich an der Entfaltung von Lebendigkeit und erkennen in ihrer Umgebung Anregungen und Entwicklungsmöglichkeiten.

Eng verknüpft mit einer bedrohenden Weltsicht und Feindbildern ist ein Verschwörungsdenken. Das Bedürfnis, hinter allem Unverständlichen und Unsicheren eindeutig verortbare Strippenzieher zu kennen, zeigt sich besonders deutlich in Verschwörungstheorien. Hier regiert die klare Absicht, nicht der blinde Zufall. Hier bleiben keine Fragen unbeantwortet. Das kommt Menschen entgegen, für die die Welt vorhersehbar, überschaubar, einfach strukturiert und leicht erklärbar sein soll. Katastrophen mit einer Schuldfrage verknüpfen, ermöglicht, sie in Zukunft abzuwehren, und macht die Welt leicht begreifbar und steuerbar.

Studien auf diesem Gebiet zeigen, dass die Zustimmung zu einer Verschwörungstheorie – ganz egal welcher – ein Indikator dafür ist, wie sehr man anderen Verschwörungstheorien zustimmt, selbst wenn diese miteinander in einem Widerspruch stehen. Personen, die davon überzeugt sind, dass Lady Diana gar nicht bei einem tragischen Autounfall gestorben sei, sondern vom britischen Geheimdienst umgebracht wurde, stimmen auch eher der Aussage zu, dass Lady Diana bis heute nicht tot ist, sondern mit Dodi auf einer einsamen Insel lebt. Und viele Anhänger des US-Präsidenten und seiner These, dass die weltweite Covid-19-Pandemie eine gezielte Strategie Chinas zur Schwächung der Vereinigten Staaten sei, glauben auch an die Impflabors der Gates-Stiftung als Ursprung und Ausgangspunkt der Virusverbreitung, damit Bill Gates an der zwangsweisen Impfung der Weltbevölkerung weitere Milliarden lukrieren könne.

Zudem zeigt die Forschung: Je weniger Menschen an eine Theorie glauben, desto größer ist bei ihren Anhänger*innen die Gewissheit, Recht zu haben und sich damit als einzigartig empfinden zu können. Denn dieses Motiv prägt Verschwörungsmentalitäten in hohem Maße: etwas Besonderes zu sein, ein Geheimwissen zu haben, während alle anderen als graue Schafe den Lügen der Presse oder der Regierung auf den Leim gehen. Und dieses „gute" Gefühl brauchen vor allem diejenigen, die im

Grunde genommen einen Mangel an Kontrolle über ihr eigenes Leben empfinden. Verschwörungsmentalitäten treten an den beiden politischen Rändern der Gesellschaft öfter auf als in der Mitte, wobei der rechte Rand hier stärker vertreten ist.

„Fake News" als Angriff auf die Demokratie

Um die eigene Weltsicht aufrecht zu erhalten, ist die konfirmatorische – also selbstbestätigende – Informationssuche ein sehr geeignetes Mittel: Menschen suchen gezielt nach Informationen, die ihre Sichtweise bestätigen, während Fakten, die diese widerlegen könnten, vernachlässigt werden. Auch die weitere Informationsverarbeitung folgt den Regeln der Bestätigung. Man prozessiert nur noch Fakten, die für die eigene a priori getätigte Annahme sprechen.

Alle potenziellen Gegenargumente laufen Gefahr, als Teil eines Lügenkonstrukts gebrandmarkt zu werden. Immer häufiger deklarieren Rechtspopulist*innen Berichterstattungen, die sich von der eigenen Perspektive unterscheidet, als „Fake News" (auch „Lügenpresse" genannt). Damit werden kritischer Journalismus und politische Andersartigkeit nicht nur zu einem ideologischen Gegner, sondern zu einem Feind, dem man unterstellt, den eigenen Lebensstil zu zerstören.

Das Prinzip hinter dem Angriff auf die freie Presse ist durchschaubar. Die Aufgabe von Journalist*innen und Reporter*innen ist es, Sachverhalten objektiv nachzugehen – jedenfalls aber alle relevanten Standpunkte zu einem Thema sichtbar zu machen. Es mag vorkommen, dass wir mit einer Darstellung nicht übereinstimmen oder uns manchmal wünschen, dass die Medien anders vorgehen, aber die freie Presse ist eine wichtige Säule einer freien Gesellschaft, für die Demokratie ist sie unabdingbar.

Eine autoritär ausgerichtete Politik bekämpft, dezimiert und verleugnet die freien Medien, Meinungsvielfalt ist ihr ein

Horror. Intellektuelle Wachsamkeit und aktive Einmischung sind nicht erwünscht, denn sie können den eigenen Machtstatus und die Legitimität bedrohen. Autoritäre Regimes werden immer versuchen, die Wahrheit durch jene Unwahrheiten zu ersetzen, die ihre Macht stärken und bewahren. Das digitale Zeitalter macht diesen Prozess einfacher denn je.

Autoritär Orientierte attackieren nicht nur die freie Presse, sie gründen oft ihre eigenen Medien. Auch die Freiheitliche Partei Österreichs verbreitet auf mehreren Kanälen ungeprüfte Behauptungen, die ihre politischen Ansichten verbreiten sollen, etwa auf FPÖ-TV, im Wochenheft *Zur Zeit* oder auf der Website *unzensuriert.at*. Auch in den Redaktionen der Zeitschriften *Info Direkt, Wochenblick* und *alles roger?* sitzen FPÖ-Funktionäre, die Stimmungsmache betreiben. Der ehemalige Chefredakteur der Website unzensuriert.at, der im Kabinett des FPÖ-Innenministers Herbert Kickl für den Bereich Kommunikation zuständig war, sprach sogar offen aus, dass das Medium nicht dem unabhängigen Journalismus dient, sondern die politische Bewegung unterstützen soll. Eine besondere Paraphrasierung eines Zitats von George Orwell: „Journalismus heißt, etwas zu drucken, von dem jemand will, dass es nicht gedruckt wird. Alles andere ist Public Relations."

Bedeutet das denn nun, dass wir uns im postfaktischen Zeitalter befinden, wie vielfach diskutiert wird? Die Gesellschaft für deutsche Sprache hat „postfaktisch" zum „Wort des Jahres 2016" gekürt, als Bezeichnung für ein politisches Denken und Handeln, bei dem Fakten nicht im Mittelpunkt stehen. Aber hatten Fakten nicht schon immer eine nachgeordnete Rolle im Vergleich zur Macht der Gefühle? Dass Menschen sich gegen unbequeme Einsichten wehren und gefühlten Wahrheiten mehr glauben als statistischen Fakten, ist nicht neu. Neu hingegen ist, dass die Lüge in demokratischen Gesellschaften gezielt und systematisch als Mittel der Politik eingesetzt wird.[91] In totalitären Gesellschaften wurde das immer schon praktiziert: gezielte Manipulationen, Angriffe und Auflösung der freien Presse. Auch in

Demokratien werden unbequeme Erkenntnisse geleugnet und mit „alternativen Fakten“ gekontert, um Verantwortung wegzuschieben. Es ist kein Zufall, dass das Thema Klimawandel von Rechtspopulist*innen und manchen Energiekonzernen so vehement bestritten wird. Denn so ersparen sie sich, ihre Verhaltensweisen und etablierten Lebensstile infrage zu stellen, und können es vermeiden, jenen Konzernen Auflagen zu erteilen, die sie finanziell tatkräftig unterstützen. Damit stehen wir einer neuartigen Bemächtigung von Wahrheit gegenüber. Nicht unabhängige Fakten, Meinungspluralität und die Vernunft bestimmen darüber, was wahr und falsch ist, sondern die politische Macht.

Politisches Desinteresse als Gefährdung der freiheitlichen Ordnung

Heute ist es keine Bürgerpflicht mehr, darüber nachzudenken, was eine freiheitliche Kultur ist und worauf sie gründet. In den Lehrplänen unserer Bildungseinrichtungen stehen Selbstbestimmung, Mündigkeit und der eigene Vernunftgebrauch nicht mehr an erster Stelle, sondern das bestmögliche Anpassen an die Marktkräfte, unter dem Stichwort „employability“. Den Pflichten, die mit den bürgerlichen Rechten einhergehen, zu entfliehen, ist für viele Menschen in westlichen Wohlstandgesellschaften auch einfach attraktiver. Ziel ist es, sich von der Eigenverantwortung abzulenken, etwa in Form einer passiven Konsum-Mentalität oder dem Verfolgen eines spaßorientierten Lebensstils, der mit einer Tendenz zur Infantilisierung einhergeht. Die Verantwortung wird dann stellvertretend an vorgegebene Denksysteme oder politische Eliten übertragen. Dabei wird außer Acht gelassen, dass jedes menschliche Dasein in einer freiheitlichen Ordnung von einem gewissen Grad an Unbestimmtheit und Wahrheitssuche geprägt sein muss, um diese aufrecht zu erhalten. Freiheit ist ein hart erkämpftes und äußerst fragiles System. Der Preis dafür ist Eigenverantwortung und immerwährende Wachsamkeit.

Zu sagen, man interessiere sich nicht für Politik, ist ein Akt des Privilegs. Es ist die privilegierte Stellung, die es einem erlaubt, unpolitisch zu sein. Wenn das eigene würdevolle Leben, die eigene Sicherheit nicht in Gefahr ist – aufgrund der privilegierten Stellung auf Basis des Geschlechts, des Vermögens, der ethnischen Herkunft oder der sexuellen Orientierung –, dann muss man nicht politisch sein. Dann empfindet man es mitunter als anstrengend und ermüdend, wenn Andere Themen wie Diskriminierung und Unterdrückung immer wieder auf die Tagesordnung heben. Diejenigen, die sich wünschen, dass das Gejammere aufhöre, sollten sich allerdings daran erinnern, dass manche Menschen dabei um ihre Sicherheit kämpfen. Die Empfehlung, man solle sich beruhigen und erst einmal sehen, was passiert, wenn rechtspopulistische oder andere radikale Parteien an die Macht kommen, verweist auf eine privilegierte Position, die nicht gefährdet ist. Für andere stellen sich damit existenzielle Fragen: Ist mein Recht zu heiraten in Gefahr? Werde ich jetzt noch gesundheitlich versichert sein? Ist mein Aufenthalt im Land auch in Zukunft gesichert? Wird der selbstbestimmte Umgang mit meinem Körper weiterhin gewährleistet?

Auch bei weniger privilegierten Gruppen kann sich Politikverdruss einschleichen, allerdings eher in Form von Resignation, also hoher politischer Unzufriedenheit und wenig Engagement. Dieses Unbehagen an politischen Prozessen ergibt sich mitunter aus dem, was der Soziologe Colin Crouch als „Postdemokratie" bezeichnet: die Entmachtung von Bürger*innen im demokratischen System.[92] Das bedeutet etwa, dass Politikinhalte immer stärker nach den Wünschen und Bedürfnissen der Wirtschaft ausgerichtet werden, statt an jenen der Bürger*innen. Oder dass in Wahlkämpfen Inhalte hervorgeholt werden, die dann in der späteren Programmatik der Regierungspolitik keine Rolle mehr spielen. Dass also Demokratie zu einer Hülle wird und Bürger*innen zu Zuschauer*innen verkommen. Die hat mit der ursprünglichen Idee von Demokratie, dass die Macht vom Volk ausgeht, wenig zu tun.

Insgesamt zeigt sich: Komplexität ist heute zunehmend ein Schreckensbild, statt alltägliche Aufgabe aller Bürger*innen. Manche Menschen wachsen von Kindheit an mit einem Schwarz-Weiß-Denken auf. Dann sind die Leute gut oder schlecht, sie lieben dich oder hassen dich. Andere als Sündenbock zu benutzen und ihnen die Schuld zuzuweisen, schafft das Gefühl von Ordnung und Kontrolle. Der Wunsch nach Sicherheit und Klarheit ist so groß, dass viele Menschen lieber beruhigende Falschinformationen haben, als gar keine. Damit kann das Geschehen eingeordnet werden, man schützt sich vor einer Hilflosigkeit.

Durch mangelnden Austausch mit Andersgesinnten und die Ausblendung anderer Denkweisen wird die zunehmende Trennung und Verfeindung von Gruppen eher zunehmen und eine Entpolitisierung eintreten. Denn wenn alle, mit denen ich mich umgebe, die gleiche politische Haltung haben, muss ich diese nie in Frage stellen. Dabei ist es nicht notwendig, andere Weltanschauungen zu teilen oder zu bewundern. Für eine Demokratie notwendig ist es allerdings, diese zu tolerieren und in einen gesellschaftlichen Diskurs der Interessen, Meinungen und Standpunkte einzutreten.

DIE ABWERTUNG DER WÄHLERSCHAFT

„Meine Meinung ist auf jeden Fall richtig, die anderen haben es bisher nur noch nicht verstanden." Dieser Gedanke ist weit verbreitet und verdeutlicht ein Grundproblem im Umgang mit „den Anderen". Dinge auf gewisse Art und Weise zu verstehen, hängt nur in Ausnahmefällen mit der Kenntnis der Sachlage zusammen. Einstellungen beruhen selten auf konkreten Informationen, sondern sind das Ergebnis von Lebensumständen, von Erlebnissen, Begegnungen, der beruflichen, finanziellen und familiären Situation, dem Wohnort, Gesundheit, Alter, Bildung. Das betrifft alle Milieus. Auch gebildete Menschen tun sich schwer, einzelne Maßnahmen von Politiker*innen, die sie ideologisch ablehnen, gutzuheißen, selbst wenn sie sie insgeheim für sinnvoll halten.

Eine Studie mit Studierenden der amerikanischen Stanford University – also formal hochgebildeten jungen Menschen – zeigt, dass Haltungen, einmal eingenommen, bemerkenswert beharrlich sind. Auch wenn Überzeugungen faktisch völlig widerlegt werden, heißt das noch nicht, dass die Menschen sie ablegen oder anpassen. Meinungen können also nicht nur aus intellektueller Perspektive und einer Faktenlage heraus betrachtet werden. Nehmen wir an, eine Statistik zeigt auf, dass immer mehr Familien von Sozialhilfe leben. Manche Menschen lesen diese Nachricht und denken: „Diese Leute sind faul. Sie müssen sich mehr anstrengen und mehr Willen zur Leistung zeigen.". Andere schließen daraus, dass der Arbeitsmarkt nicht genügend Möglichkeiten bietet und soziale Ungleichheit zunimmt. Oder ein Bericht über Kriminalitätsraten zeigt, dass Migrant*innen häufiger Kriminaltaten begehen. Manche Menschen interpretieren, dass Migrant*innen eine stärkere kriminelle Neigung haben und sich weniger an das geltende Gesetz halten. Andere sehen darin einen Hinweis, dass Migrant*innen diskriminiert werden, ihr Verhalten strenger beurteilt und sanktioniert wird. In anderen Worten: Es sind nicht die Fakten, die uns trennen, sondern unsere moralischen Werte.

Besteht das gesellschaftliche Interesse tatsächlich darin, aufeinander zuzugehen, stellt sich als Nächstes die Frage, welche Praxis es ermöglicht, mit Menschen unterschiedlicher Gesinnung sinnvolle politische Auseinandersetzungen zu führen. Das kann allerdings anstrengend werden. Da ist es oft einfacher und bequemer, die anderen als dumm wahrzunehmen und sich in selbstgerechter Manier unverstanden zu fühlen. Sich gleich von vornherein im Recht zu wähnen, gibt ein wohliges Gefühl der Überlegenheit.

Der Linguist George Lakoff zeigt auf: Wenn wir Argumente vorbringen, tun wir dies immer aus unserem eigenen moralischen Rahmen heraus und in der Sprache unserer moralischen Werte. Aus diesem Grund ist es sehr schwierig, Menschen mit den gleichen Fakten in einer anderen Moral zu überzeugen. Der effektivste Weg, um zu verstehen, wie es zu der Haltung von Menschen über gewisse Themen kommt, ist demnach, sich mit ihren tiefsten Werten zu verbinden. Nehmen wir an, es soll ein neues Anti-Smog-Gesetz durchgesetzt werden. Für manche Menschen wird dafür das Umwelt-Argument ausreichen. Für andere ist es überzeugender, dass das Gesetz essenziell ist, um die Gesundheit von Familien zu gewährleisten. Feinstaub ist ein Begriff, der emotional wenig auslöst, aber fast jedem ist die Gesundheit der eigenen Familie ein Anliegen. Wenn das Problem zu „gesunde Familien" im Vergleich zu „mehr staatliche Regulierung" wird, sind die Chancen höher, unterschiedliche Gruppen damit anzusprechen. Damit ist es kaum verwunderlich, dass Parteien, die die ökosoziale Zukunft in den Mittelpunkt ihrer Programmatik stellen, kaum Menschen erreichen, die mit ihrem Einkommen knapp der Armutsgefährdung entgehen – selbst, wenn sie deren Interessen gut vertreten würden.

Verstehen heißt nicht, Verständnis haben

Ein bequemer Weg, um eine potenzielle Diskussion zu beenden ist es, eine vorgefertigte Schublade zuzumachen. Ein Beispiel: Als die Zuwanderung der Geflüchteten in Österreich ihren Höhepunkt erreicht hatte, gab es ein TV-Interview mit einer älteren Passantin zu ihrem Stimmungsbild. Sie erzählte, dass sie gehört habe, die Flüchtlinge hätten sich über das Essen in der Notunterkunft beschwert. Hochemotional meinte sie, dass sie selbst aus dem Jugoslawienkrieg nach Österreich geflüchtet sei und damals froh über jedes Stück Brot gewesen wäre, dass sie es für eine Frechheit hielte, dass diese Menschen hier solche Ansprüche stellten.

Nun gibt es unterschiedliche Möglichkeiten, mit der Situation umzugehen. Man kann die Frau in ihrer Gesinnung als fremdenfeindlich verurteilen, das würde sie als Gesprächspartnerin abschreiben und den Fall schließen. Man könnte auch sehen, dass dieser Frau eine traumatische Erfahrung in Erinnerung gerufen wurde und darauf eingehen, verstehen, dass das eine sehr schwierige Zeit für sie gewesen sein muss, und nachfragen, ob sie es nicht vielleicht auch gut findet, dass sich die Versorgung inzwischen verbessert hat. Der Umgang mit ihrer Reaktion hängt ganz davon ab, was das eigene Ziel ist. Moralische Überlegenheit durch endgültige, abwertende Zuschreibungen ist meist der unkompliziertere Weg.

Fest steht: Für das Verstehen unabdingbar ist das genaue Hinschauen. Doch das wird verhindert, wenn die Gesinnung des Gegenübers wichtiger wird als deren Standpunkte und Argumente und wenn sich Empathie nur auf Angehörige der eigenen Gruppe beschränkt.

„Richtige" Einstellungen: die Deutungsmacht der Privilegierten

Zahlreiche Bücher wollen uns darüber aufklären, wie gerade die Menschen, die selbst aus wenig privilegierten Milieus stammen, andere benachteiligte Gruppen abwerten, um sich selbst etwas besser zu fühlen und sich zu erhöhen. Wir sollen glauben, dass das Herabschauen typisch ist für jene, die selbst „unten" sind. Abwertungsmuster sind aber auch gerade bei Eliten sehr präsent. Diese werden jedoch weniger problematisiert, da sie über die Deutungshoheit verfügen: Wer die Geschichten schreibt, bestimmt auch, welche und wie sie geschrieben werden. Intoleranz, Misstrauen und Abwertung bei „den Anderen" zu orten, lässt die eigene Gruppe ungeschoren, lässt ihr den Nimbus der Überlegenheit – der selbstgerechte Blick bestätigt sich selbst noch einmal. Damit werden von der eigenen Lebensführung abweichende Modelle in der gesellschaftlichen Werteskala herabgestuft. Die Journalistin Elisabeth Raether schreibt dazu in einem Kommentar in der Wochenzeitung *Zeit*:

> *„Mit der eigenen Unvernunft ist man immer nachsichtiger als mit der der anderen. Aber wer entscheidet, was vernünftig ist? Wer entscheidet, was die richtigen Sorgen sind und was die falschen? [...] Denn natürlich haben auch Arbeiter und Arbeitslose Transgender-Kinder, schwule Söhne und Töchter, denen sie nur das Beste wünschen, und natürlich werden gerade die Ausgegrenzten unter den Folgen des Klimawandels leiden. Doch wir haben unsere Weltoffenheit zum Distinktionsmerkmal gemacht. Wir haben keine Gelegenheit ausgelassen, unsere Überlegenheit vorzuführen: So viel intelligenter, humorvoller, klarsichtiger sind wir. Wir trennen unseren Müll, und unsere Grammatik ist perfekt. Es mag nur ein Unterton sein, der unsere Arroganz verrät, doch wir sollten anfangen, ihn zu hören. Bei den Abgehängten ist die Botschaft nämlich längst angekommen."*[93]

Diese moralische Selbsterhöhung der Besseren wird von den Betroffenen im Gegenzug als selbstgefällige Besserwisserei, intellektuelle Ignoranz und soziale Abgehobenheit eingestuft und sozusagen retour abgewertet. Die ablehnende Haltung gegenüber Eliten kann hier allerdings auch einen Wunsch nach Wertschätzung ausdrücken: Man setzt bewusst jene herab, von denen man möchte, dass sie einen anerkennen. Über Abwertung wird mitunter auch ein Kampf um Anerkennung ausgetragen.

Entscheidend ist also nicht nur die Zugehörigkeit zu der Eigen- oder Fremdgruppe, sondern vor allem der Umgang mit „Anderen". Zu Berührungspunkten und Begegnungen mit andersdenkenden Menschen kommt es selten, die meisten umgeben sich im virtuellen wie im wirklichen Leben fast ausschließlich mit Gleichgesinnten. Das gilt nicht nur für Anhänger*innen von Rechtspopulismus, sondern auch für Menschen, die sich selbst für liberal und weltoffen halten. Statt einem „echten" Kontakt zu Andersdenkenden wird teilweise bewusst das fremde Milieu besichtigt, etwa in Form von „Slumming", also dem Besuchen von Treffpunkten für Menschen mit deutlich niedriger sozialer Herkunft, wie z.B. berüchtigte Bars in abgelegenen Vorstadtvierteln. Die Intention dahinter ist ein voyeuristischer Kick, eine Art Klassen-Sightseeing. Umgekehrt wäre es nicht so einfach möglich, einen Abend lang die „Hautevolee" aus der Nähe zu beobachten. Neben finanziellen Hürden gibt es zusätzliche Codes als Zugangsbarrieren, wie Kleidung, Sprache oder das allgemeine Auftreten. Das, was in der Politik als „soziale Kluft" bezeichnet wird.

Das Ernstnehmen der Ängste

Wenn es um rechtspopulistische Wähler*innen aus bildungsfernen Milieus geht, hat es den Anschein, als ob diese von liberalen Medien eher pathologisiert als ernst genommen werden. Um die Wählerstimmen für das sozialdemokratische Milieu zurückzugewinnen, müssen sich jene Menschen wieder ernst genommen und gehört fühlen – so konstatieren es Politikwissenschafter*innen und linksorientierte Kommentator*innen. Und hier sind wir beim ersten Akt der Selbstgerechtigkeit. Denn jene Menschen müssen sich nicht nur wieder ernst genommen und gehört *fühlen*, sie müssen es auch wirklich *werden*. Sie empfinden es nicht nur so, sie haben ganz Recht damit, dass zu lange verabsäumt wurde, Politik für sie zu machen. Die erlebte Machtlosigkeit bei öffentlichen und politischen Entscheidungen ist kein diffuses Gefühl, sondern Realität.

Oft fällt der Satz: „Man muss die Ängste der Menschen ernst nehmen". Dabei wird ihnen unterstellt, dass sie in ihrer Psyche gefangen sind und keine rational „richtige" Haltung einnehmen können. Vielleicht sind es aber gar keine Ängste, die sie zu einer gewissen Einstellung bewegen, sondern tatsächlich andere politische Sichtweisen oder persönliche Erfahrungen. Was hilft es einer Lehrerin, dass die Kriminalitätsstatistik national betrachtet zurückgeht, wenn sie selbst bemerkt, dass immer mehr Schüler in ihrem Klassenzimmer Messer in den Unterricht mitbringen? Das ist keine diffuse Angst, sondern ihre tägliche Lebensrealität. Und hier sind wir wieder beim vorigen Punkt: Sollten nicht in erster Linie die sozialen Probleme ernst genommen werden, statt auf vermutete Gefühle einzugehen? Der Kabarettist Florian Schröder beschreibt das Postulat, die Ängste der Bürger*innen ernst zu nehmen, in der Sendung „Mitternachtsspitzen" im Februar 2017 als herablassend:

> *„Es hat keinen Sinn, die Ängste aller Menschen ernst zu nehmen, erst recht nicht die von denen, die von sich sagen, dass es ihnen eigentlich gut geht. Und erst recht nicht die von denen, die das Wort ‚Angst' benutzen als Euphemismus für ihren Hass. Wir müssen nicht die Ängste aller Menschen ernst nehmen. Kein guter Therapeut nimmt die Ängste seiner Patienten ernst. Er versucht, Wege aufzuzeigen, mit ihnen klar zu kommen, sie zu überwinden,*

> *irgendwas zu tun, aber er nimmt sie nicht ernst. Wenn man meine Ängste immer ernst genommen hätte, ich hätte nie laufen gelernt, ich wäre auf kein Fahrrad gestiegen, ich hätte mich in keinen Zug gesetzt, in kein Flugzeug [...] Und wenn ihr jetzt sagt: „Das ist aber herablassend!", sag ich: „Nein, das ist konfrontativ!" Herablassend ist es, die Ängste aller Menschen immer ernst zu nehmen, sie so zu verstärken und dem Ängstlichen die Möglichkeit zu nehmen, die Ängste auch mal zu überwinden."*

Insgesamt stellt sich auch die Frage: Welche Ängste sollen überhaupt ernst genommen werden? Und was heißt ernst nehmen überhaupt? Mit politischen Maßnahmen zu reagieren? Irrationale Ängste ernst zu nehmen müsste bedeuten, diese als Angst zu verstehen – und nicht als Anlass für reale politische Maßnahmen. Denn diese sollten auf Basis von tatsächlichen gesellschaftlichen Entwicklungen gesetzt werden. Etwa Ängste vor sozialem Abstieg und Wohlstandsverlust sind ernstzunehmende Befürchtungen, die auf realen sozialen Veränderungen basieren, auf die auch politisch eingegangen werden sollte. Aber wer sollte entscheiden, welche Ängste irrational und welche berechtigt, konkret und daher ernst zu nehmen sind?

Eines steht fest: Am besten überwinden kann man Ängste, wenn man sich mit ihnen konfrontiert, wenn man sich in jene Situationen begibt, aus denen sie angenommenerweise entspringen. In Bezug auf die Fremdenangst als Universalhebel des Rechtspopulismus hieße das, konkrete Informationen und eigene Eindrücke von „den Fremden" zu haben.. Die sozialpsychologische Forschung zeigt, dass Kontakt eine vergleichsweise einfache Maßnahme ist, um die Einstellung gegenüber Einwanderer*innen positiv zu beeinflussen oder realistischer zu betrachten. Die meisten Menschen, die Geflüchtete ablehnen, haben im Alltag kaum Berührungspunkte mit ihnen. Fremdenfeindlichkeit ist dort am höchsten, wo man den vermeintlichen Feind nur aus der Zeitung kennt. Traiskirchen ist eine österreichische Kleinstadt mit knapp 19.000 Einwohnern sowie mehreren hundert – im Sommer 2015 sogar bis zu 4000 – Geflüchteten in der dort befindlichen Erstaufnahmestelle Ost. Bei der Landtagswahl 2018 haben die Sozialdemokraten mit 42,8 % die relative Mehrheit erreicht und damit sogar um 7 % zugelegt. In der Pegida-Hochburg Sachsen hingegen, wo der Anteil der Muslime bei 0,5 % liegt, ist die Angst vor dem Islam und vor „Überfremdung" sehr groß.[94] Welche Haltung man zu Geflüchteten hat, hängt in hohem Maße damit zusammen, ob man die Gelegenheit hatte, geflüchtete Personen persönlich kennenzulernen.

Identitätspolitik und Diskussionsunkultur

Immer wieder hören wir auch, dass Rechtspopulisten eine nationalistische Version von „Identitätspolitik" anbieten, für all diejenigen, die das Gefühl haben, auf der Strecke zu bleiben, wie weiße, heterosexuelle Männer. Diese Form der Fokussierung auf eine Politik, in der Kultur, Image und Repräsentation im Vordergrund stehen, ist auch stark bei jungen gebildeten Menschen ausgeprägt. Da sind Phrasen wie „als Frau", „als schwuler Mann" und „als Muslime" alltäglich. Das kann so weit gehen, dass Studierende darauf bestehen, von Personen vorab gefragt zu werden, was ihr bevorzugtes Geschlechtspronomen ist, bevor sie angesprochen werden. Als biologischer Mann automatisch als „er" bezeichnet zu werden, kann dann schnell als Affront empfunden werden, wenn er sich eigentlich als „sie" identifiziert. Diese Form der Identitätspolitik kann narzisstische Züge annehmen. Sie fördert eher die Selbstreflexion als die Solidarität mit anderen. Das Starkmachen für eine Pluralisierung von Geschlechtsidentitäten hat dann Vorrang gegenüber dem Verbünden mit gesellschaftlich unterprivilegierten Gruppen, die vergessen haben zu fragen, mit welchem sozialen Geschlecht man sich identifiziert. Es kann als elitäres Bedürfnis gesehen werden, von anderen eine Akzeptanz der eigenen Terminologie und Weltanschauung zu verlangen. Wer diese Ideen nicht respektiert, verletzt ihre Person. Diese Art des Umgangs führt in eine kontraproduktive Sackgasse, mit der Tendenz, eine selbst auferlegte Opferrolle in die Politik hineinzutragen.

Eine Diskussions*un*kultur, in der Kritiker*innen der Migrationspolitik als dumm und menschenfeindlich beschimpft und sozial ausgegrenzt werden, bringt sie nur mehr dazu, sich im letzten Freiheitsraum radikal zu artikulieren, der ihnen verbleibt: in der anonymen Wahlkabine. Die Verleumdung und das Heruntermachen Andersdenkender bedroht unsere Demokratie. gerade dort braucht es eine Diskussionskultur, die andersdenkende Menschengruppen nicht diffamiert und sozial isoliert.

Eine weitere Keule der Diskussionsunkultur ist die starke Vorliebe für grobkörnige Direktheit, besonders bei bildungsfernen Milieus. Wenn ein*e Politiker*in „Klartext redet", also zugespitzt und provokativ verkürzt, wird das als mutig und stark angesehen. Das Analysieren von komplexen Zusammenhängen gilt hingegen als Herumgerede und unentschlossenes Geschwafel. Politiker*innen sind erfolgreich, nicht trotzdem, sondern gerade weil sie vorgeben, reale Komplexität mit Schlagwörtern und markigen Sprüchen reduzieren zu können und „einfach im Griff" zu haben. Personen mit höherer Bildung sind sich eher darüber im Klaren, dass gesellschaftliche Sachverhalte oft komplexer sind, als sie auf den ersten Blick erscheinen. Etwa, dass soziale Phänomene wie Arbeitslosigkeit aus einer Vielzahl von Faktoren entstehen und nicht mit einfachen „Ausländer raus!"-Rufen bekämpft werden können. Allerdings ist Informiertheit und Bildung nicht immer gleichzusetzen mit dem höchsten Bildungsabschluss, denn im öffentlichen Bildungswesen zeigt sich eine zunehmende Ökonomisierung, eine Fokussierung auf beruflich vermarktbare Kompetenzen. Auch die inhaltliche Ausrichtung von Universitäten ist immer stärker berufsbezogen und von aktuellen Interessen der Wirtschaft und des Arbeitsmarktes geprägt. Kritische Selbstermächtigung, die

Auseinandersetzung mit großen Menschheitsfragen, die Entfaltung von Bürger*innen als selbstbestimmte Subjekte oder in anderen Worten die Orientierung an humanistischen Bildungszielen tritt damit in den Hintergrund. Fertigkeiten, wie z.B. politische Diskurse kritisch lesen zu können, werden dann zu „Orchideen", die auf privilegiertem Boden wachsen, statt zur Grundlage von Demokratie.

Insgesamt zeigt sich: Auch für Angehörige der „besseren Gesellschaft" ist die Sehnsucht nach dem geborgenen Schoß einfacher kollektiver Identität groß. Zwar wähnen sie sich als Hüter*innen der Wahrheit, die genau hinsehen und verstehen, doch verfolgen sie genau dieselben Prinzipien derjenigen, die sie verurteilen - den selbstgerechten Blick auf die anderen außerhalb der eigenen Kreise zu werfen, und diese als eine angeblich homogene Gruppe zu sehen, die man entweder überzeugen und integrieren kann oder aber ablehnt und abgrenzt.

NACHWORT

SELBSTGERECHTIGKEIT UND GESELLSCHAFTLICHER ZUSAMMENHALT

Uralt und dennoch immer aktuell ist die Frage, was die Gesellschaft im Innersten zusammenhält. Und ebenso die spiegelverkehrte Frage, welche Kräfte trennend, dem Zusammenhalt entgegen wirken. Eine dieser Kräfte ist die Ungleichheit. Und zwar nicht die bunte Vielfalt und Verschiedenheit der Eigenschaften gleichwertiger Mitglieder einer Gesellschaft. Der soziale Keiltreiber ist die ungleiche ökonomische und moralische Wertung und Bewertung der anderen. Die meisten Menschen wollen nicht gleich sein, sie wollen sich unterscheiden und abgrenzen, selbst oder gerade wenn in ihrer Selbstbeschreibung „Weltoffenheit" und „Toleranz" ganz weit oben stehen.

Besonders die Angst der Mittelschicht vor dem gesellschaftlichen Abstieg und die damit einhergehende Abgrenzung zeigt sich in vielerlei Formen: von weitgehend harmlosen Praktiken wie der symbolischen Verankerung des Nachwuchses im bürgerlichen Milieu durch die Namensgebung („Leopold"), bis hin zur Verachtung der so genannten „Unterschicht" dafür, dass diese ebenfalls Menschengruppen verachtet. Zur „besseren Gesellschaft" zu gehören, das bedeutet mehr *wert* zu sein, man muss sich davor hüten, in schlechte zu geraren, darf sich nicht dem minderwertigen Einfluss aussetzen, das beginnt bereits im Klassenzimmer. Bewertungsmaßstäbe dieser Art, wie auch der Zusammenhang zwischen der wahrgenommenen eigenen Höherwertigkeit und deren Folgen für gesellschaftliche Ungleichheit, gilt es immer wieder zu reflektieren und sichtbar zu machen.

Andere Absetzbewegungen von dem regelfreien Alles-ist-möglich der liberalen offenen Gesellschaft gehen in die Richtung streng geregelter und ritualisierter Lebensformen, die der eigenen Person ein klares kantiges Profil verleihen und ein Selbstwertgefühl weit über der amorphen Masse der Durchschnittsmenschen. Einige setzen beim Individuum an, vor allem beim asketische Ideal der körperlichen Disziplinierung, wie die florierende Bandbreite der verschiedenen Diäten und der Fitness-, Yoga-, Extremsport- oder Kampfsportkulturen zeigt. Andere haben eine kollektive Basis, sie bestehen hauptsächlich aus radikalen religiösen oder politischen Gruppierungen. Im politischen Spektrum sind es auf der einen Seite Identitäre mit konspirativer und gewaltbereiter Haltung und auf der anderen Seite fanatische Umweltaktivist*innen, die auch vor Sabotageakten nicht halt machen. Auffällig ist, dass viele der neuen Anhänger*innen gerade aus Milieus größtmöglicher Liberalität kommen und scheinbar einen Rahmen suchen, der für jede Situation eine leicht fassliche Richtig-Falsch-Regel bereit hält. Auffällig ist auch, dass alle diese Kulturen und Gruppen ein Lebenselixier der Demokratie ermangeln, ablehnen und geradezu verteufeln: den Kompromiss. Stattdessen grenzen sie sich von der breiten gemäßigten Masse ihrer jeweiligen Gruppe ab, als wären sie Verräter*innen am echten Anliegen ihrer Bewegung.

Die Spielarten und Ausdrucksformen der Selbstgerechtigkeit variieren, manche kommen aus der Mode, manche bleiben, einige neue treten hinzu. Was durchgehend notwendig bleibt, ist, parallel dazu immer wieder von Neuem die Trennkräfte der moralischen Auf- und Abwertung aufzuspüren, hervorzuholen und sichtbar zu machen und den strengen Blick, den man auf andere wirft, vielleicht des Öfteren auch einmal auf sich selbst zu richten. Denn frei von diesen Mustern ist niemand. Zumindest auf der Ebene sind wir alle gleich.

QUELLENNACHWEIS

KAPITEL 1: ARBEIT

1 Tokumitsu, Miya (2015): Do What You Love: And Other Lies About Success and Happiness. New York: Regan Arts.

2 Aschoff, Nicole (2015): The New Prophets of Capital. New York: Verso.

3 Han, Byung-Chul (2015): The Burnout Society. Stanford: Stanford University Press.

4 Ehrenberg, Alain (2004): Das erschöpfte Selbst. Depression und Gesellschaft in der Gegenwart. Frankfurt: Suhrkamp.

5 Marx, Karl (1962): Das Kapital. Kapitel 14, S. 531. Berlin: MEW. K. Marx, Kapital I, MEW 23, S. 531.

6 Panke, Martina (2005): Arbeiten lernen. Erfahrungen junger Arbeiter im Prozess der Qualifizierung. Wiesbaden: VS.

7 Crawford, Matthew B. (2011): Ich schraube, also bin ich: Vom Glück, etwas mit den eigenen Händen zu schaffen. Berlin: Ullstein. (Original: Crawford, Matthew B. (2009): Shop Class as Soulcraft. An Inquiry into the Value of Work. London: Penguin Books.)

8 Taylor, Frederick Winslow (1919): Die Grundsätze wissenschaftlicher Betriebsführung. München: Oldenburg. Zitate S. 33 & 40.

9 Moritsch, Hans Stefan / Wanka, Anna / Pintsuk-Christof, Julia (2017): Practice Based Research – Manual and Material Culture. Endbericht. St.Pölten: New Design University.

10 Nascimento, Albio (2009): Reinventing Modernity through Tradition: Product Development in Traditional Craftsmanship. In: Nordes, No 3, S. 1 ff.

11 Lears, Jackson (1981): No Place of Grace. Antimodernism and the Transformation of American Culture, 1880-1920. Chicago: The University of Chicago Press.

12 Reckwitz, Andreas (2012): Die Erfindung der Kreativität. Zum Prozess gesellschaftlicher Ästhetisierung. Frankfurt: Suhrkamp.

KAPITEL 2: GESCHLECHT

13 Vgl. Cyba, Eva (2000): Geschlecht und soziale Ungleichheit. Konstellationen der Frauenbenachteiligung. Wiesbaden: Springer.

14 Dass der Begriff „Rabenmutter" in einem abwertenden Kontext verwendet wird, ist insofern ironisch, da Raben eine ausgesprochen intensive Brutpflege betreiben, gleichberechtigt die Brut großziehen und als vorbildliche Vogeleltern gelten.

15 Madonna (2010): http://madonna.oe24.at/highlights/Leading-Ladies-Awards-Frauen-Auszeichnung-Kind-Karriere/1288682, abgerufen am 25. Mai 2018.

16 The Man Who Has it All (2016): From Frazzled to Fabulous: How to Juggle a Successful Career, Fatherhood, Me-Time' and Looking Good. London: Bantam Press.

17 Diese Forderung der Anpassung an männliche Strategien ist besonders auch im Berufsleben allgegenwärtig. Zwischenmenschliche Kompetenz und Sensitivität bringt wenig Erfolg. Allerdings besteht bei charismatischem Auftreten die Gefahr, als zu dominant oder sogar „bossy", also herrisch, bezeichnet zu werden. Mit einem derartigen Vorwurf war etwa die amerikanische Sängerin Beyoncé konfrontiert. Ihre Antwort: "I'm not bossy, I'm the boss".

18 Senta Trömel-Plötz (Hg.) (1988): Gewalt durch Sprache. Die Vergewaltigung von Frauen in Gesprächen. Frankfurt/Main: Fischer.

19 Tigue, Cara C. / Borak, Diana J. / O'Connor, Jillian J. M. / Schandl, Charles / Feinberg, David R. (2012): Voice pitch influences voting behavior. Evolution and Human Behavior 33 (3): S. 210 ff.

20 Xu, Yi / Lee, Albert / Wing-Li, Wu / Liu, Xuan / Birkholz, Peter (2013): Human Vocal Attractiveness as Signaled by Body Size Projection. PLoS ONE 8 (4): e62397.

21 Erwachsenen-Studie der Universitätsklinik Leipzig (2015), https://www.uniklinikum-leipzig.de/presse/Seiten/Pressemitteilung_5830.aspx, abgerufen am 25. Mai 2018.

22 Haeberle, Erwin J. (1985): Die Sexualität des Menschen: Handbuch und Atlas. Berlin: De Gruyter.

23 Time (2017): http://time.com/money/4701623/california-tampon-tax/, abgerufen am 26. Mai 2018.

24 Opperman, Emily / Braun, Virginia / Clarke, Victoria / Rogers, Cassandra (2013): "It Feels So Good It Almost Hurts": Young Adults' Experiences of Orgasm and Sexual Pleasure. The Journal of Sex Research 51 (5): S. 503 ff.

25 Die farblich markierte Geschlechtertrennung ist erst relativ kurz in dieser Dimension ausgeprägt und unterliegt überwiegend Warenvermarktungsinteressen. Hatte man in den 70er- und 80er-Jahren noch für alle Kinder denselben bunten Strampler, dieselbe grüne Cord-Latzhose und dasselbe rote Dreirad, so kauft man heute für die Tochter ein rosa Hello Kitty Kleid und ein pinkes Dreirad und für den Sohn einen schwarzen Batman-Strampler und ein blaues Dreirad.

26 Bigler, Rebecca S. (1995): The Role of Classification Skill in Moderating Environmental Influences on Children's Gender Stereotyping: A Study of the Functional Use of Gender in the Classroom. Child Development 66 (4): S. 1072 ff.

27 Number of mass shootings in the United States between 1982 and February 2018, by shooter's gender. https://www.statista.com/statistics/476445/mass-shootings-in-the-us-by-shooter-s-gender/, abgerufen am 19. April 2018.

28 Katz, Jackson (2006): The Macho Paradox: Why Some Men Hurt Women and and How All Men Can Help. Naperville: Sourcebooks.

29 DiPrete, Thomas A. / Buchmann, Claudia (2013): The Rise of Women. The Growing Gender Gap in Education and What It Means for American Schools. New York: Russell Sage Foundation.

KAPITEL 3: EINWANDERUNG

30 Der Spiegel (2016): Die Zäsur. http://www.spiegel.de/politik/deutschland/fluechtlinge-71-leichen-im-lkw-die-tragoedie-von-parndorf-a-1107772.html, abgerufen am 13. Juni 2018.

31 Mediterranean Situation: http://data2.unhcr.org/en/situations/mediterranean, abgerufen am 14. Juni 2018.

32 The Independent (2015): "If these extraordinarily powerful images of a dead Syrian child washed up on a beach don't change Europe's attitude to refugees, what will?" https://www.independent.co.uk/news/world/europe/if-these-extraordinarily-powerful-images-of-a-dead-syrian-child-washed-up-on-a-beach-don-t-change-10482757.html, abgerufen am 13. Juni 2018.

33 Rosenberger, Sieglinde / Stern, Verena / Merhaut, Nina (Hg.) (2018): Protest Movements in Asylum and Deportation. Springer/Imiscoe Research Series.

34 Das ergab eine Studie über das „NS-Geschichtsbewusstsein und autoritäre Einstellungen" des Sora-Instituts und des Instituts für Zeitgeschichte der Uni Wien, das vom Zukunftsfonds der Republik Österreich finanziert wurde.

35 Elias, Norbert / Scotson, John Lloyd (1954): The Established and the Outsiders: A Sociological Enquiry Into Community Problems. London: Cass & Company.

36 Diese Zahl wurde im April 2008 von der rumänischen Unicef veröffentlicht, sie basiert auf einer repräsentativen Untersuchung des Meinungsforschungsinstitutes Gallup. Zu einem ähnlichen Ergebnis waren im Januar 2018 Mitarbeiter der Open-Society-Stiftung von George Soros gekommen.

37 Die Europäische Kommission gegen Rassismus und Intoleranz ist weder identisch mit noch ein Teil der Europäischen Kommission der EU, sondern eine unabhängige Kommission des Europarats.

38 Sutterlüty, Ferdinand (2010): In Sippenhaft. Negative Klassifikationen in ethnischen Konflikten. Frankfurt/Main: Campus.

39 Diese kulturelle Konnotation basiert auf der Annahme, Expats seien ein angelsächsisches Phänomen und ein Relikt aus der Kolonialzeit, als die englische Oberschicht im Empire verstreut lebte.

40 Schüpbach, Rico (2017): „Expats sind besonders gehätschelte Immigranten". https://www.infosperber.ch/Gesellschaft/Fluchtlinge-Expats-sind-besonders-gehatschelte-Immigranten, abgerufen am 10. Juli 2018.

41 Arendt, Hannah (1943): We Refugees. Menorah Journal.

KAPITEL 4: ARMUT UND VERMÖGEN

42 Wiesböck, Laura (2016): A preferred workforce? Employment practices in the Central European region regarding East-West cross-border labour commuters. Österreichische Zeitschrift für Soziologie 41 (4): S. 391 ff.

43 Dörre, Klaus (2011): Verwahrloste Unterschicht? Zur Abwertung prekärer Lebensformen im wirtschaftlichen Leistungsdiskurs. Potsdam: Tagung: Ausgrenzung durch die Mittelschicht.

44 Piketty, Thomas (2014): Das Kapital im 21. Jahrhundert. München: Beck.

45 Neckel, Sighard (2008): Flucht nach vorn. Die Erfolgskultur der Marktgesellschaft. Frankfurt/Main: Campus.

46 Bröckling, Ulrich (2007): Das unternehmerische Selbst. Soziologie einer Subjektivierungsform. Frankfurt/Main: Suhrkamp.

47 Bröckling, Ulrich / Krasmann, Susanne / Lemke, Thomas (2000): Gouvernementalität der Gegenwart. Studien zur Ökonomisierung des Sozialen. Frankfurt/Main: Suhrkamp. Zitat S. 201.

48 Sutherland, Edwin (1940): White-Collar Criminality. American Sociological Review 5 (1).

49 The Guardian (2018): https://www.theguardian.com/us-news/2018/apr/13/scooter-libby-trump-pardons-cheney-aide-convicted-of-lying-to-fbi, abgerufen am 2. Mai 2018.

KAPITEL 5: KRIMINALITÄT

50 The Guardian (2018): „Scooter Libby: Trump pardons former Cheney aide convicted of lying to FBI", The Guardian vom 13. April 2018, https://www.theguardian.com/us-news/2018/apr/13/scooter-libby-trump-pardons-cheney-aide-convicted-of-lying-to-fbi, abgerufen am 11. Mai 2018. Und daraus: „A White House statement said: 'Before his conviction, Mr Libby had rendered more than a decade of honorable service to the nation as a public servant at the Department of State, the Department of Defense, and the White House. His record since his conviction is similarly unblemished, and he continues to be held in high regard by his colleagues and peers.'"

51 Wiener Zeitung (2018): https://www.wienerzeitung.at/nachrichten/wirtschaft/oesterreich/945607_Auch-heuer-schrumpft-die-Schattenwirtschaft.html, abgerufen am 18. Mai 2018

52 Der Standard (2016): https://derstandard.at/2000044199189/Oesterreich-startet-EU-Pilotprojekt-zu-Steuerbetrug, abgerufen am 18. Mai 2018,

53 Der Standard (2017): https://derstandard.at/2000050408124/28-Milliarden-Heta-Co-treiben-Staatsschulden-hoch, abgerufen am 18. Mai 2018.

54 Die Presse (2016): https://diepresse.com/home/wirtschaft/economist/4991338/Die-Hypo-kostet-125-Milliarden-Euro, abgerufen am 18. Mai 2018.

55 Pataki, Zsolt (2014): The Cost of Non-Europe in the Single Market. ‚Cecchini Revisited' An overview of the potential economic gains from further completion of the European Single Market. Brussels: European Parliamentary Research Service.

56 „Law is like a cobweb; it's made for flies and the smaller kinds of insects, so to speak, but the big bumblebees break through."

57 Tørsløv, Thomas R. / Wier, Ludvig S. / Zucman, Gabriel (2018): The Missing Profits of Nations. NBER Working Paper No. 24701

58 Lerner, Melvin J. (1980): The Belief in a Just World: A Fundamental Delusion. New York: Plenum Press.

59 Cozzarelli, Catherine / Wilkinson, Anna V. / Tagler, Michael J. (2001): Attitudes Toward the Poor and Attributions for Poverty. Journal of Social Issues 57: S. 207 ff.

60 Rubin, Zick / Peplau, Letita Anne (1975): Who Believes in a Just World. Journal of Social Issues 31 (3): S. 65 ff.

61 Hammerl, Elfriede (2017): Opferfeeling. https://www.profil.at/meinung/elfriede-hammerl-opferfeeling-8424217, abgerufen am 3. Juni 2018.

62 Hess, Amanda (2013). The Comfortable, Elegant Chastity Belt For the Modern Rape Victim. http://www.slate.com/blogs/xx_factor/2013/11/04/ar_wear_these_anti_rape_shorts_update_the_chastity_belt_for_the_rape_culture.html?via=gdpr-consent, abgerufen am 3. Juni 2018.

63 Bourdieu, Pierre (1982): Die feinen Unterschiede. Kritik der gesellschaftlichen Urteilskraft. Frankfurt am Main: Suhrkamp.

64 Veblen, Thorstein (1997): Theorie der feinen Leute. Eine ökonomische Untersuchung der Institutionen. Frankfurt am Main: Fischer Verlag.

KAPITEL 6: KONSUM

65 Charles, Kerwin Kofi / Hurst, Erik / Roussanov, Nikolai (2009): Conspicuous Consumption and Race. The Quarterly Journal of Economics, MIT Press 124(2): 425–467.

66 Quartz, Steven / Asp, Anette (2015): Cool: How the Brain's Hidden Quest for Cool Drives Our Economy and Shapes Our World. New York: Farrar, Straus and Giroux.

67 Freiheitsvorstellungen mit einer „Pflicht" zum Konsumieren aufzuladen ist generell sehr weit verbreitet. Wenn ich diese Zigarettenmarke rauche, bin ich frei. Das Image der Befreiung veranlasst Menschen dazu, Konsumimperative zu erfüllen.

68 Gill, Rosalind (2006): Gender and the Media. Cambridge: Polity Press.

69 Kilbourne, Jean (1999). Deadly persuasion: Why Women and Girls must fight the Addictive Power of Advertising. New York, NY: The Free Press.

70 Johnson, Naomi R. (2010): Consuming Desires: Consumption, Romance, and Sexuality in Best-Selling Teen Romance Novels. Women's Studies in Communication 33 (1): S. 54 ff.

71 Gossip Girl, A-List und The Clique haben zusammen 13,5 Millionen Exemplare verkauft, wurden in 25 Sprachen weltweit veröffentlicht und haben auch eine beliebte Fernsehserie hervorgebracht. Gossip Girl und A-List sind für Leserinnen ab 14 Jahren konzipiert, während die Serie The Clique auf 9- bis 12-Jährige ausgerichtet ist.

72 Illouz, Eva (1997). Consuming the Romantic Utopia: Love and the Cultural Contradictions of Capitalism. Berkeley: University of California Press.

73 Jacobin (2016): https://www.jacobinmag.com/2016/10/victorian-values-fitness-organic-wealth-parenthood, abgerufen am 18. Juni 2018.

74 Christine Vranitzky, die Frau des damaligen österreichischen Bundeskanzlers, schlug vor, dass arbeitslose, Drogen nehmende, frustrierte Jugendliche mehr Zeit auf dem Golfplatz verbringen sollten, wo eine saubere und positive Freizeitgestaltung in guter Gesellschaft stattfände, und wo sie so von negativen Einflüssen ferngehalten würden. Gleiches Muster, gleiche Distanz zur Realität.

75 Goodman, Michael K. (2004): 'Reading FairTrade: Political Ecological Imaginary and the Moral Economy of FairTrade Foods', Political Geography 23 (7): S. 891 ff., Zitat S. 896.

76 Adams, Matthew / Raisborough, Jayne (2008): What Can Sociology Say About FairTrade?: Class, Reflexivity and Ethical Consumption. Sociology 42 (6): 1165–1182.

77 Wiesböck, Laura / Wanka, Anna / Mayrhuber, Elisabeth Anne-Sophie / Allex, Brigitte / Kolland, Franz / Hutter, Hans Peter / Wallner, Peter / Arnberger, Arne / Eder, Renate / Kutalek, Ruth (2016): "Heat Vulnerability, Poverty and Health Inequalities in Urban Migrant Communities: A Pilot Study from Vienna." In: Filho, Walter Leal / Azeiteiro, Ulisses / Alves, Fátima (eds.): Climate Change and Health: Improving Resilience and Reducing Risks. London/New York: Springer. S. 389 ff.

78 Cain, Susan (2013): Quiet. The Power of Introverts in a World that Can't Stop Talking. New York: Crown Publishing Group.

79 Hier sind Erfindungen im Sinne von geistigen Produkten gemeint, wie Einsteins Relativitätstheorie oder Feynmans Quantenelektrodynamik, im Unterschied zu technischen Innovationsprojekten wie das berühmte Manhattan-Projekt zum Bau der ersten Atombombe oder das Space Shuttle Programm der NASA zum Bau der ersten wiederverwendbaren Raumfähre, an denen jeweils Hunderte Spezialisten gearbeitet haben. Der Unterschied tritt in den Begriffen klar hervor: Invention bezeichnet das Entstehen wirklich neuer Ideen, das Erfinden von vorher nicht Dagewesenem, während Innovation die Anwendung neuer Ideen oder Theorien auf die Praxis bezeichnet, eine technische Entwicklung zur Erzeugung neuer Produkte.

80 Mackinnon, Donald W. (1962): The Nature and Nurture of Creative Talent. American Psychologist 17 (7): S. 484 ff.

81 Sieht man sich die Anforderungen an den Beruf „Coach" im Berufslexikon des österreichischen Arbeitsmarktservice an, so liest man die Beschreibung eines Universaltalents der Extrovertiertheit: „Gutes Auftreten, Kontaktfreude, KundInnenorientierung, Beratungs- und Verhandlungskompetenz, gutes sprachliches Ausdrucksvermögen, Fremdsprachenkenntnisse (insbesondere Englisch), Präsentationskenntnisse, logisch-analytisches Denkvermögen, Genauigkeit, Sorgfalt, gute Allgemeinbildung, rasche Auffassungsgabe, Kenntnis berufsspezifischer Rechtsgrundlagen, IT-Kenntnisse, Belastbarkeit, Flexibilität, Anpassungsfähigkeit, Diskretion." https://www.berufslexikon.at/berufe/2561-Coach/#anforderungen, abgerufen am 29. Mai 2018.

82 Grazia (2016): https://www.grazia-magazin.de/5-urlaubsdomizile-fur-spektakulare-selfies-mit-like-garantie-19945.html, abgerufen am 12. Juni 2018.

83 Tandoc, Edson / Ferrucci, Patrick / Duffy, Margaret. (2015): Facebook use, envy, and depression among college students: Is Facebooking depressing? Computers in Human Behavior 43: S. 139 ff.

84 Goffman, Erving (1959): The Presentation of Self in Everyday Life. New York: Anchor Books.

85 Spät, Patrick (2018): Die Würde des Roboters ist antastbar. In ZEIT Online, https://www.zeit.de/digital/2018-06/meinungsfreiheit-social-bots-kalifornien-gesetz-kennzeichnung/komplettansicht, abgerufen am 13. Juni 2018

86 Foucault, Michel (1993): Überwachen und Strafen: Die Geburt des Gefängnisses. Frankfurt/Main: Suhrkamp.

87 Hitzler, Ronald (2011): Eventisierung. Drei Fallstudien zum marketingstrategischen Massenspaß. Wiesbaden: VS Verlag.

KAPITEL 8: POLITIK

88 Der Standard (2018): „Der Respekt vor dem radikal Bösen faszinierte mich". derstandard.at/2000079529870/Der-Respekt-vor-dem-radikal-Boesen-faszinierte-mich, abgerufen am 11. Mai 2018.

89 Gruen, Arno (2002): Der Kampf um die Demokratie. Der Extremismus, die Gewalt und der Terror. Stuttgart: Klett-Cotta Verlag.

90 Strenger, Carlo (2017): Abenteuer Freiheit: Ein Wegweiser für unsichere Zeiten. Frankfurt/Main: Suhrkamp.

91 Leusch, Peter (2017): Wahrheit in postfaktischen Zeiten. http://www.deutschlandfunk.de/meinung-statt-tatsachen-wahrheit-in-postfaktischen-zeiten.1148.de.html?dram:article_id=388227, abgerufen am 20. Juni 2018.

92 Crouch, Colin (2008): Postdemokratie. Frankfurt/Main: Suhrkamp.

93 Die Zeit (2016): „Was macht die Autoritären so stark? Unsere Arroganz". https://www.zeit.de/2016/33/demokratie-klassenduenkel-rassismus-populismus, abgerufen am 17. Mai 2018.

94 Hakenberg, Marie / Klamm, Verena (2016): Muslime in Sachsen. Geschichte, Fakten, Lebenswelten. Edition Leipzig.